Nuria Hervás
Mar Ozores
Manuela Rotstein

Acuerdos

Actividades interactivas
de producción oral
orientadas al mundo
del trabajo

PEARSON

Prentice
Hall

UPPER SADDLE RIVER, NJ 07458

Library of Congress Cataloging-in-Publication Data

Hervás, Nuria.
Acuerdos: actividades interactivas de producción oral orientadas al
mundo del trabajo / Nuria Hervás, Mar Ozores, Manuela Rotstein.
   p. cm.
 ISBN 0-13-183820-2
 1. Spanish language--Conversation and phrase books (for
businesspeople) 2. Spanish language--Conversation and phrase
books--English. 3. Spanish language--Business Spanish. I. Ozores, Mar.
II. Rotstein, Manuela. III. Title.
 PC4120.C6 H48 2003
 468.3'421'02465--dc21

                       2003045961

Publisher: *Phil Miller*
Senior Acquisitions Editor: *Bob Hemmer*
Executive Marketing Manager: *Eileen Moran*
Development Editor: *Julia Caballero*
Assistant Director of Production: *Mary Rottino*
Production Editor: *Claudia Dukeshire*
Assistant Editor: *Meriel Martinez Moctezuma*
Editorial Assistant: *Pete Ramsey*
Prepress and Manufacturing Manager: *Nick Sklitsis*
Prepress and Manufacturing Buyer: *Brian Mackey*
Compositor: *Wanda España/Wee Design Group*
Design: *Lula Alegre*
Text illustrations: *Piet Lüthi and Helena Gil Virgill*
Cover Design: *Bruce Kenselaar*

© 2003 by Pearson Education, Inc.
Upper Saddle River, NJ 07458

Printed in the United States of America
10 9 8 7 6 5 4 3 2 1

ISBN: 0-13-183820-2

Pearson Education LTD., London
Pearson Education Australia PTY, Limited, Sydney
Pearson Education Singapore, Pte. Ltd
Pearson Education North Asia Ltd, Hong Kong
Pearson Education Canada, Ltd, Toronto
Pearson Educación de México, S.A. de C.V.
Pearson Education—Japan, Tokyo
Pearson Education Malaysia, Pte. Ltd
Pearson Education, Upper Saddle River, New Jersey

ACUERDOS es un material complementario ideal para aquellos profesores que imparten cursos orientados al mundo de los negocios. El libro consta de 60 actividades para realizar en parejas. El contenido avanza gradualmente de la más sencilla a la más compleja.

Las actividades que se proponen en **ACUERDOS** intentan ser representativas de procesos de comunicación de la vida real; no presentan un simple vacío de información, sino que el estudiante debe reflexionar, tomar decisiones, negociar, solucionar problemas e intercambiar información con su compañero, recreando así el uso real de la lengua. Las actividades potencian principalmente la competencia comunicativa, aunque favorecen también el desarrollo gramatical y léxico.

Las actividades se presentan en dos hojas, una para cada estudiante. En ellas se incluye también una ficha con los recursos léxicos y gramaticales necesarios para llevar a cabo la tarea. En un folleto aparte se presentan unas breves notas que proporcionan al profesor una guía para la explotación de las actividades en el aula.

Actividad **Funciones**	☐1 MARCAS Deletrear y practicar sonidos.	☐2 NACIONALIDADES Preguntar por el país de origen de una persona.
Actividad **Funciones**	☐3 TARJETA DE VISITA Dar y pedir información personal.	☐4 MIS CONTACTOS Preguntar direcciones, teléfonos, correos electrónicos, etc. Deletrear. Pedir aclaraciones.
Actividad **Funciones**	☐5 FORMULARIOS Pedir y dar información personal. Tratamiento de cortesía o tuteo.	☐6 PERFIL DE UNA EMPRESA Pedir y dar información acerca de una empresa.
Actividad **Funciones**	☐7 NUESTRA EMPRESA Presentar un plan de empresa. Decidir una inversión.	☐8 PRESENTACIONES Presentar a otras personas y reaccionar a las presentaciones.
Actividad **Funciones**	☐9 ORGANIGRAMA Describir el organigrama de una empresa.	☐10 UBICACIONES Preguntar por la ubicación de un departamento. Dar indicaciones básicas.
Actividad **Funciones**	☐11 GESTIONES Informarse de cómo hacer gestiones en una ciudad desconocida.	☐12 ALQUILERES Hacer comparaciones. Valorar y explicar.
Actividad **Funciones**	☐13 LUGAR DE TRABAJO Opinar sobre el lugar de trabajo.	☐14 TAREAS Describir el trabajo.
Actividad **Funciones**	☐15 COMPROMISOS LABORALES Organizar la agenda de la semana teniendo en cuenta una serie de compromisos. Proponer alternativas.	☐16 MI TRABAJO Explicar en qué consiste el trabajo de cada uno.

MARCAS

¿Cómo se escribe ...?	¿Cómo se pronuncia?
¿Puedes repetir?	Más despacio, por favor.

A. Haz una lista de ocho marcas o productos internacionales. ¿Cómo se pronuncian en español? Díselas a tu compañero. Si no sabe cómo se escriben, deletréaselas.

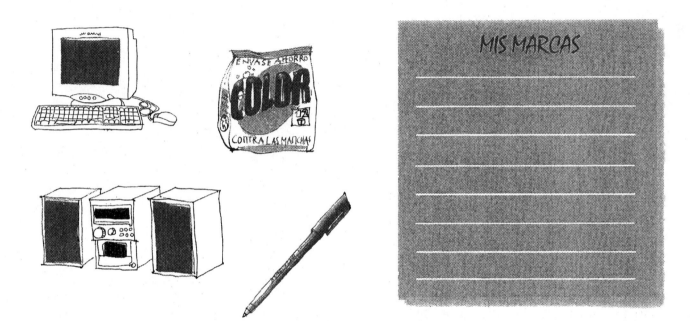

B. Ahora, escribe las marcas que te dice tu compañero.

MARCAS

¿Cómo se escribe ...?	¿Cómo se pronuncia?
¿Puedes repetir?	Más despacio, por favor.

A. Haz una lista de ocho marcas o productos internacionales. ¿Cómo se pronuncian en español? Díselas a tu compañero. Si no sabe cómo se escriben, deletréaselas.

MIS MARCAS

B. Ahora, escribe las marcas que te dice tu compañero.

SUS MARCAS

NACIONALIDADES

¿De dónde es ...?	... es español, ¿no?
Es mexicana/uruguaya/...	No, es cubano/peruano/...

En este artículo de la revista *Inversiones* se han borrado las nacionalidades. Debajo del artículo tienes algunas de ellas. Pregúntale a tu compañero por las otras y completa el texto.

La literatura en español es negocio

Josefa Enríquez es la Directora General de la editorial _____ Biblos.

También trabajó para la editorial _____ Siglo XXI.

Enríquez es _____, pero actualmente vive en Costa Rica.

Ésta es su opinión acerca de la literatura en español: "Nuestra literatura es excelente. Tenemos grandes escritores, como el

_____ Mario Vargas Llosa o el _____ Gabriel García Márquez. Son escritores muy famosos en los mercados _____ y _____.".

Editorial Siglo XXI	➔	Honduras
Mario Vargas Llosa	➔	Perú
mercados	➔	EE.UU. y Europa

NACIONALIDADES

¿De dónde es ...?   ... es español, ¿no?

Es mexicana/uruguaya/...   No, es cubano/peruano/...

En este artículo de la revista *Inversiones* se han borrado las nacionalidades. Debajo del artículo tienes algunas de ellas. Pregúntale a tu compañero por las otras y completa el texto.

La literatura en español es negocio

Josefa Enríquez es la Directora General de la editorial _____ Biblos.

También trabajó para la editorial _____ Siglo XXI.

Enríquez es _____, pero actualmente vive en Costa Rica.

Ésta es su opinión acerca de la literatura en español: "Nuestra literatura es excelente. Tenemos grandes escritores, como el

_____ Mario Vargas Llosa o el _____ Gabriel García Márquez. Son escritores muy famosos en los mercados _____ y _____.".

Editorial Biblos	→	México
Josefa Enríquez	→	Uruguay
Gabriel G. Márquez	→	Colombia

TARJETA DE VISITA

¿Cómo se/te llamas/a?   ¿Cuál es su/tu dirección/teléfono/...?

¿Dónde trabaja/s?   ¿A qué se/te dedica/s?

Trabajas en una empresa de diseño gráfico y tu compañero te ha pedido que le diseñes su nueva tarjeta de visita. Aquí tienes algunos modelos. Pregúntale la información que necesitas y diseña su tarjeta.

TARJETA DE VISITA

Trabajas en una empresa de diseño gráfico y tu compañero te ha pedido que le diseñes su nueva tarjeta de visita. Aquí tienes algunos modelos. Pregúntale la información que necesitas y diseña su tarjeta.

TEMPVS

ANA ESTRELLA
INGENIERA SUPERIOR

c/ Carmen Cobeña, 6
28005 Madrid
Tel.: 91 784 02 11
Fax: 91 784 02 12

ATF

José Méndez
Director Financiero

Hortaleza, 108. 28004 Madrid
Tel.: 91 356 78 90
Fax: 91 356 78 91
jose_mendez@atf.net

Gestión de la Comunicación

Banco Sur

Felipe Benedetti
Analista

Av. Independencia, 345
Buenos Aires
Tel. 9390 9393
Fax 8383 9393

USB
inversores

Paseo de Gràcia, 33
08003 Barcelona
Tel.: 93 456 97 81
Fax: 93 456 78 89
e-mail: cfernandez@usb.net

Clara Fernández
Contable

MIS CONTACTOS

Toma el teléfono de ...	¿Puedes repetir?
¿Cómo se llama ...?	¿Qué cargo tiene?
La secretaria se llama ...	¿Cuál es su correo electrónico?

A. La semana próxima te vas de vacaciones y tu compañero va a ocupar tu puesto. ¿Qué teléfonos y qué correos electrónicos necesita tener? Díselos a tu compañero.

Tu lista

Nombre	Teléfono - Tel. Móvil	Correo electrónico
Ulises Glorio compañero	Tel: 853 97 66	uglorio@hotdog.com
Maria Larreta jefa de departamento	Tel: 853 07 11 Móvil: 556 94 39 30	mlarreta@reptil.com
Juliana Bernárdez secretaria	Tel: 853 56 05 Móvil: 777 76 58 49	jbernardez@virginia.com

EN CASO DE EMERGENCIA

Tu teléfono móvil _____

Tu correo electrónico _____

B. La semana próxima tu compañero se va de vacaciones y tú vas a ocupar su puesto. Apunta los números de teléfono y los correos electrónicos que vas a necesitar.

La lista de tu compañero

Nombre	Teléfono - Tel. Móvil	Correo electrónico
_____	_____	_____
_____	_____	_____
_____		
_____	_____	_____
_____		

EN CASO DE EMERGENCIA

Tu teléfono móvil _____

Tu correo electrónico _____

MIS CONTACTOS

Toma el teléfono de ...	¿Puedes repetir?
¿Cómo se llama ...?	¿Qué cargo tiene?
La secretaria se llama ...	¿Cuál es su correo electrónico?

A. La semana próxima tu compañero se va de vacaciones y tú vas a ocupar su puesto. Apunta los números de teléfono y los correos electrónicos que vas a necesitar.

La lista de tu compañero

Nombre	Teléfono - Tel. Móvil	Correo electrónico

EN CASO DE EMERGENCIA

Tu teléfono móvil _____

Tu correo electrónico _____

B. La semana próxima te vas de vacaciones y tu compañero va a ocupar tu puesto. ¿Qué teléfonos y qué correos electrónicos necesita tener? Díselos a tu compañero.

Tu lista

Nombre	Teléfono - Tel. Móvil	Correo electrónico
Matías Llorens Director de Ventas	Tel: 908 60987	mllorens@armadillo.com
Margarita Juvenal compañera	Tel: 908 65447 Móvil: 556 94 39 30	mjuvenal@irmail.com
Antonio Berlioz Secretario	Tel: 908 93812 Móvil: 777 76 58 49	aberlioz@imperial.com

EN CASO DE EMERGENCIA

Tu teléfono móvil _____

Tu correo electrónico _____

FORMULARIOS

¿Cómo se/te llama/s?	¿Cuántos años tiene/s?
¿Dónde vive/s?	¿Cuál es su/tu teléfono?
¿A qué se/te dedica/s?	¿Su/Tu dirección electrónica?

Por las mañanas trabajas en un banco y por las tardes en un club de estudiantes. Debes tomar los datos de tu compañero para enviarle información periódicamente. Decide en cada caso si usas TÚ o USTED y rellena las fichas.

❏ TÚ   ❏ USTED

Banco Crédito

Nombre   Apellidos

Domicilio

Edad   Profesión

❏ TÚ   ❏ USTED

CLUB DE ESTUDIANTES

Nombre

Apellidos

Dirección

Teléfono

E-mail

FORMULARIOS

¿Cómo se/te llama/s?	¿Cuántos años tiene/s?
¿Dónde vive/s?	¿Cuál es su/tu teléfono?
¿A qué se/te dedica/s?	¿Su/Tu dirección electrónica?

Por las mañanas trabajas en un café de Internet y por las tardes en una consultoría. Debes tomar los datos de tu compañero para enviarle información periódicamente. Decide en cada caso si usas TÚ o USTED y rellena las fichas.

❑ TÚ   ❑ USTED

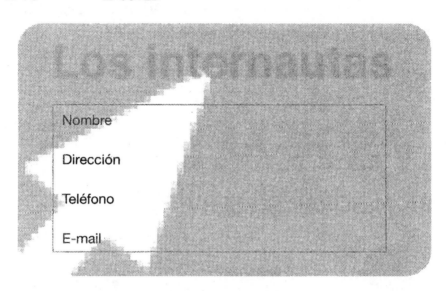

Los internautas

Nombre

Dirección

Teléfono

E-mail

❑ TÚ   ❑ USTED

Consultoría
Martínez y Aguado   M&A

Nombre

Apellidos

Domicilio

Edad

Profesión

Nacionalidad

PERFIL DE UNA EMPRESA

¿Qué tipo de empresa es?

¿Qué hace su empresa?

¿Dónde está su sede?

¿Cuántos empleados/sucursales/
oficinas tiene?

¿Cuál es su facturación?

A. Estás en una feria y buscas información sobre empresas para enviar tu currículum. En el stand de OfiPlus trabaja tu compañero. Pregúntale sobre su empresa. Después, decide si quieres entregarles tu currículum.

B. Trabajas en Systems Tres y ahora estás en el stand de tu empresa en una feria. Tu compañero te va a hacer unas preguntas sobre la empresa. Respóndelas.

SYSTEMS TRES

PARA MEJORAR SU SERVICIO

José Zamora
Director General

Fiabilidad
Nuestra empresa vende programas de software a las empresas financieras más importantes de Europa.

Presencia
Nuestra sede está en Madrid y tenemos un total de 15 sucursales en Europa.

Profesionalidad
Un total de 2580 personas trabaja en la empresa. Nuestros servicios de instalación y de mantenimiento están a cargo de destacados profesionales.

Solidez
Nuestra facturación alcanza los 776 millones de euros. El valor de nuestras acciones se ha incrementado en un 53% durante los últimos dos años.

PERFIL DE UNA EMPRESA

¿Qué tipo de empresa es?

¿Qué hace su empresa?

¿Dónde está su sede?

¿Cuántos empleados/sucursales/ oficinas tiene?

¿Cuál es su facturación?

A. Trabajas en OfiPlus y ahora estás en el stand de tu empresa en una feria. Tu compañero te va a hacer unas preguntas sobre la empresa. Respóndelas.

Quiénes somos

OfiPlus se dedica a la distribución de material de oficina en general y está especializada en la comercialización de accesorios para ordenadores.

Nuestra sede está en Bogotá y tenemos una red de distribución con más de 150 oficinas en todo el país.

Expansión

Nuestra empresa crece día a día. En la actualidad empleamos a 2500 trabajadores y facturamos cerca de 370 millones de dólares.

Productos

Ofertamos todo tipo de productos relacionados con el material para oficina. En nuestro catálogo hay más de 4000 artículos, lo cual no limita nuestro servicio.

B. Estás en una feria y buscas información sobre empresas para enviar tu currículum. En el stand de Systems Tres trabaja tu compañero. Pregúntale sobre su empresa. Después, decide si quieres entregarles tu currículum.

NUESTRA EMPRESA

Mi empresa se llama ...	La oficina central está en ...
Es una empresa de ...	Tiene ... sucursales/oficinas en ...
Vende/Fabrica/Ofrece ...	Nuestros clientes son/están ...

A. Quieres abrir una galería de arte y necesitas inversores. Elabora un plan de empresa de la compañía y haz una presentación. Tu compañero es un posible inversor.

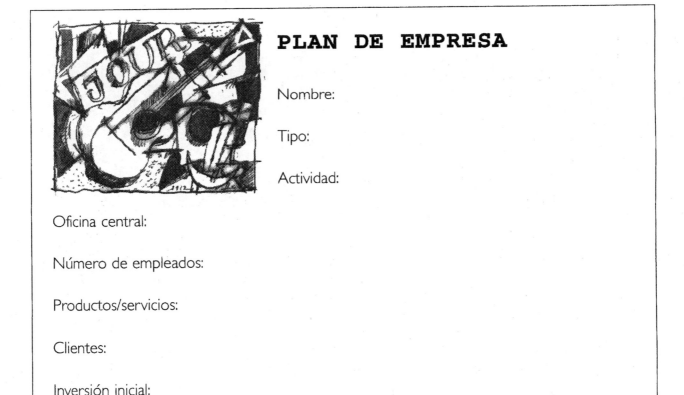

PLAN DE EMPRESA

Nombre:

Tipo:

Actividad:

Oficina central:

Número de empleados:

Productos/servicios:

Clientes:

Inversión inicial:

B. Eres un inversor. Marca el tipo de empresa y el dinero que quieres invertir y decide si vas a invertir en la empresa de tu compañero. Explica por qué.

Inversión máxima	☐ 380 000 €	☐ 280 000 €	☐ 100 000 €
Tipo de empresa	☐ Seguros	☐ Informática	☐ Banca
Tamaño	☐ Grande	☐ Mediana	☐ Pequeña

NUESTRA EMPRESA

Mi empresa se llama ...	La oficina central está en ...
Es una empresa de ...	Tiene ... sucursales/oficinas en ...
Vende/Fabrica/Ofrece ...	Nuestros clientes son/están ...

A. Quieres crear una empresa de informática y necesitas inversores. Elabora un plan de empresa de la compañía y haz una presentación. Tu compañero es un posible inversor.

PLAN DE EMPRESA

Nombre: ....

Tipo: ....

Actividad: ....

Oficina central: ....

Número de empleados: ....

Productos/servicios: ....

Clientes: ....

Inversión inicial: ....

B. Eres un inversor. Marca el tipo de empresa y el dinero que quieres invertir y decide si vas a invertir en la empresa de tu compañero. Explica por qué.

Inversión máxima	☐ 500 000 €	☐ 260 000 €	☐ 70 000 €
Tipo de empresa	☐ Internet	☐ Ropa	☐ Arte
Tamaño	☐ Grande	☐ Mediana	☐ Pequeña

PRESENTACIONES

Le/Te presento a ...

Éste/a es ... / Éstos/as son ...

Encantado/a.

Mucho gusto.

A. Trabajas para la cadena de supermercados Positano y tu compañero es un comercial de la empresa de productos lácteos Pulesa. Hoy visita tu empresa. Preséntale a tus compañeros de trabajo.

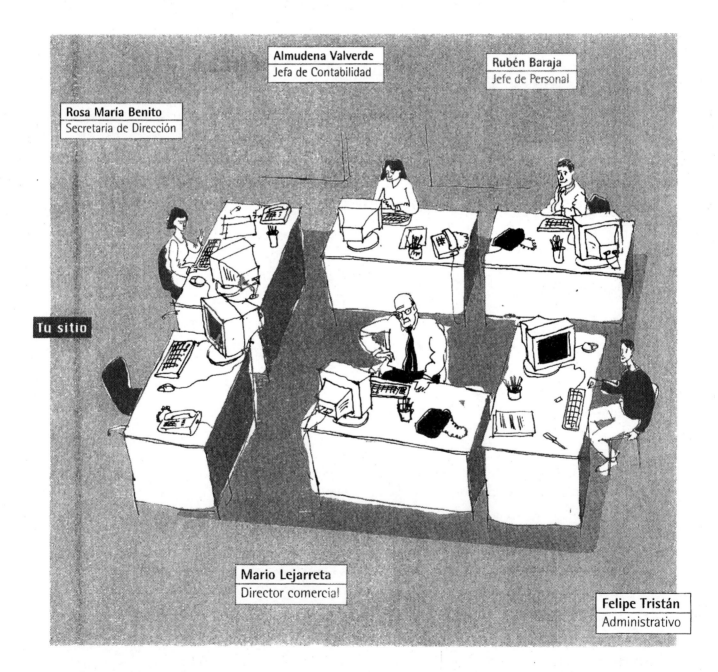

B. Hoy visitas tú las oficinas de Pulesa. Tu compañero trabaja allí y te va a presentar a sus compañeros de trabajo. Reacciona.

PRESENTACIONES

Le/Te presento a ...	Encantado/a.
Éste/a es ... / Éstos/as son ...	Mucho gusto.

A. Trabajas como comercial para Pulesa, una empresa de productos lácteos, y hoy visitas la cadena de supermercados Positano. Tu compañero trabaja allí y te va a presentar a sus compañeros de trabajo. Reacciona.

B. Hoy tu compañero visita las oficinas de Pulesa. Preséntale a tus compañeros de trabajo.

ORGANIGRAMA

¿Quién es ...?	¿Qué cargo tiene ...? / ¿Qué hace ...?
¿Quién lleva el Departamento ...?	... es el jefe de Personal / lleva el ...

Eres un nuevo empleado de la empresa Manitas y todavía no conoces a todo el mundo. Pregúntale a tu compañero lo que no sabes y completa el organigrama de la empresa.

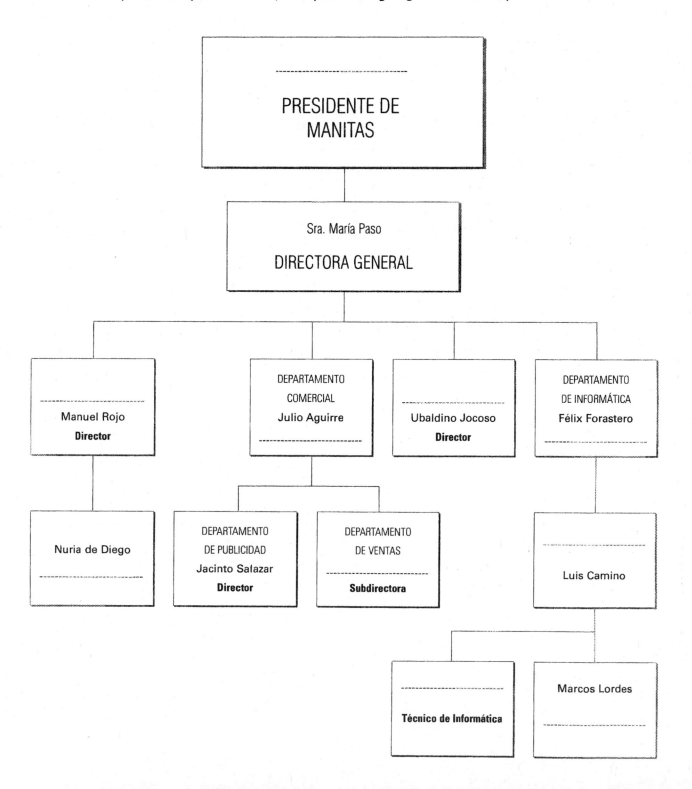

ORGANIGRAMA

¿Quién es ...? ¿Qué cargo tiene ...? / ¿Qué hace ...?

¿Quién lleva el Departamento ...? ... es el jefe de Personal / lleva el ...

Eres un nuevo empleado de la empresa Manitas y todavía no conoces a todo el mundo. Pregúntale a tu compañero lo que no sabes y completa el organigrama de la empresa.

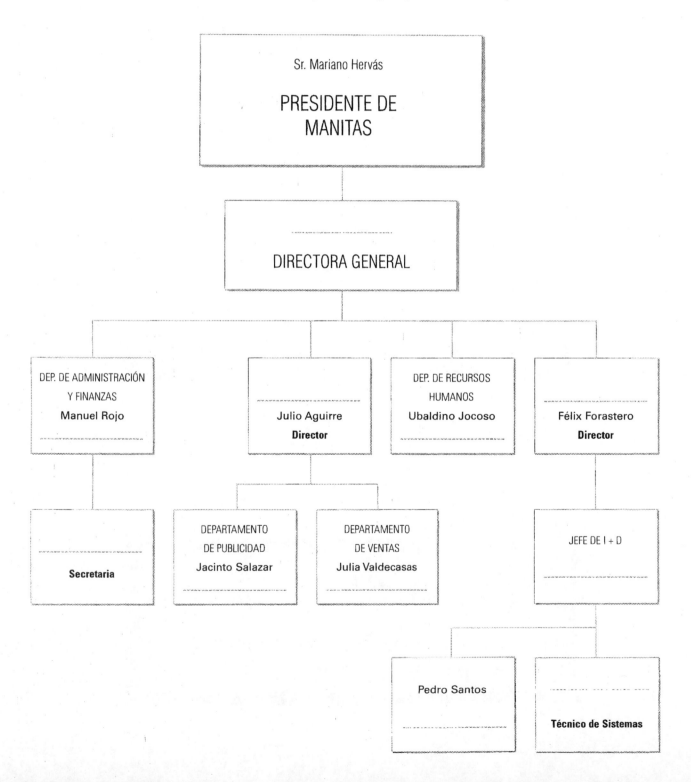

UBICACIONES

¿Sabe/s dónde está el/la ...?	A la derecha/izquierda.
Al final del pasillo.	Está al lado / enfrente / cerca de ...

A. Estás en la recepción de Pentax S.A. Pregunta a tu compañero cómo llegar a los siguientes sitios y completa el plano.

.Los servicios

.La oficina de la Sra. Ordóñez

.El despacho del Sr. Sanz

.La oficina de la Sra. Hurtado

.La oficina del Director comercial

Pentax S.A.

B. Trabajas en Comunicaciones Eco. Tu compañero te preguntará cómo llegar a algunos sitios. Mira el dibujo y contéstale.

Comunicaciones Eco

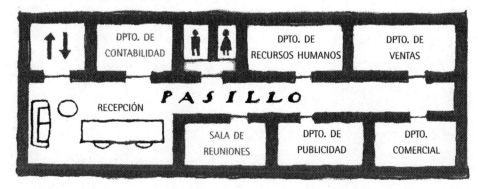

UBICACIONES

¿Sabe/s dónde está el/la ...?

Al final del pasillo.

A la derecha/izquierda.

Está al lado / enfrente / cerca de ...

A. Trabajas en Pentax S.A. Tu compañero te preguntará cómo llegar a algunos sitios. Mira el dibujo y contéstale.

Pentax S.A.

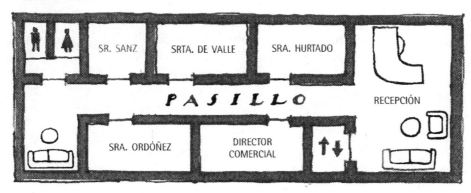

B. Estás en la recepción de Comunicaciones Eco. Pregunta a tu compañero cómo llegar a los siguientes sitios y completa el plano.

.El Departamento de Ventas

.El baño

.La Sala de Reuniones

.El Departamento de Recursos Humanos

.El Departamento de Contabilidad

Comunicaciones Eco

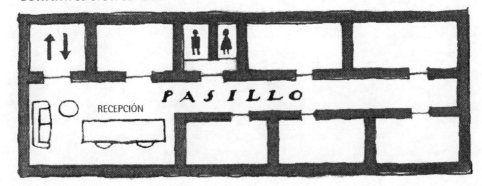

GESTIONES

Tengo que enviar unas postales, ¿dónde ...?   ¿Dónde puedo ...?

Quería comprar ...   ¿Para cambiar dinero?

Y, ¿cuál es el horario de los bancos?   ¿Cuánto cuesta ...?

A. Vas a viajar a Buenos Aires y vas a tener que hacer una serie de gestiones. Pregúntale a tu compañero la información necesaria para poder hacerlas: lugar, horarios, precios, etc.

GESTIONES	¿Dónde?	Otra información: horarios, precios, etc.
Llamar por teléfono al extranjero		
Comprar sellos		
Cambiar dinero		
Alquilar un coche		
Comprar prensa internacional		

B. Tu compañero va a viajar a Tokio y va a necesitar hacer una serie de gestiones. Lee este texto e infórmale de todo lo que te pregunte.

Si visita Tokio, aquí tiene alguna información de interés. El símbolo de Correos en Japón es una "T" blanca y roja con una barra sobre el trazo horizontal de la "T". Las oficinas de Correos abren de 9 de la mañana a 7 de la tarde de lunes a viernes, de 9 a 3 los sábados y de 9 a 12 y media los domingos y festivos. La capital de Japón ofrece una gran variedad de restaurantes que están abiertos hasta la 1 o las 2 de la madrugada. Sin embargo, hay muchos que están abiertos las 24 horas del día. Se recomienda probar el economi yaki (una especie de tortilla con col y huevo) y el champon (una gran sopa de fideos con carne, verdura, pescado...). También han proliferado últimamente los cafés Internet, que suelen estar abiertos también las 24 horas del día. En Tokio la oferta nocturna es muy variada. La noche empieza alrededor de las 18.00 y para la mayoría acaba antes de la medianoche. Los que quieren continuar suelen ir al barrio de Roppongi, donde se encuentran numerosas discotecas que no cierran hasta altas horas de la madrugada. Para comprar regalos típicos del país, es recomendable ir a los templos, acercarse al Palacio Imperial o acudir a cualquiera de los grandes almacenes de la ciudad. También puede ir a Kappabashi para comprar la típica comida de plástico que adorna los escaparates de los restaurantes.

GESTIONES

Tengo que enviar unas postales, ¿dónde ...?	¿Dónde puedo ...?
Quería comprar ...	¿Para cambiar dinero?
Y, ¿cuál es el horario de los bancos?	¿Cuánto cuesta ...?

A. Tu compañero va a viajar a Buenos Aires y va a tener que hacer una serie de gestiones. Lee este texto e infórmale de todo lo que te pregunte.

Buenos  Aires

Si visita Buenos Aires, aquí tiene alguna información de interés. La ciudad cuenta con muchos restaurantes que están abiertos hasta las 12 de la noche. Normalmente se almuerza a la una y se cena a las nueve. La carne vacuna y los vinos tintos son de una excelente calidad y una comida puede costar entre 8 y 15 USD. Todas las tiendas están abiertas de 9 a 7 y los sábados de 9 a 1. Los grandes centros comerciales abren también los domingos y los días festivos. La prensa internacional se puede comprar en los quioscos de la calle Florida y de la Avenida Corrientes. La mayoría de estos quioscos cierra a las 6 de la tarde aunque algunos están abiertos las 24 horas. Los bancos abren de 10 a 4 de la tarde de lunes a viernes; las casas de cambio, ubicadas en la zona bancaria, tienen el mismo horario. Los sellos o estampillas se pueden comprar en cualquier oficina de correos y el horario es similar al de las tiendas. Los locutorios son los mejores sitios para llamar por teléfono y están abiertos de 9 de la mañana a 9 de la noche. Como en la mayoría de países, se pueden alquilar coches en los aeropuertos.

B. Vas a viajar a Tokio y vas a tener que hacer una serie de gestiones. Pregúntale a tu compañero la información necesaria para poder hacerlas: lugar, horarios, precios, etc

GESTIONES	¿Dónde?	Otra información: horarios, precios, etc.
Llamar por teléfono al extranjero		
Comprar sellos		
Cambiar dinero		
Alquilar un coche		
Comprar prensa internacional		

ALQUILERES

Prefiero este piso porque ...

Está cerca de ...

Yo creo que es bastante / muy /

  un poco / demasiado ...

Tiene más/menos luz que ...

Cuesta el doble / el triple / la mitad /

  lo mismo.

Éste/a es el/la mejor.

A. Tu compañero y tú trabajáis en la misma empresa. Vuestra compañía os manda a España durante varios meses a trabajar y tenéis que compartir piso. Piensa qué tipo de vivienda te gustaría alquilar.

CARACTERÍSTICAS

UBICACIÓN

PRECIO MÁXIMO

ALQUILER

B. Estás buscando en un periódico español anuncios para alquilar un piso. Selecciona de los siguientes el que se adapta más a tus gustos. Tu compañero también ha encontrado un piso que le gusta. Decidid con cuál os quedáis.

Muy céntrico. S/m, 3 hab., cocina y baño nuevos. Plaza de parking opcional.
650 euros.
Tf. 4216546563

En las afueras. 2h., baño completo, trza. 50m². Amueblado.
400 euros/mes.
Tf. 4512354599

Ático dúplex a 10 min. del centro. Jto. Plaza Adriano. 3 dormitorios, baño, 60 m², muy tranquilo, bien comunicado. Alquiler: 600 €
Tf. 1242154898

ALQUILERES

Prefiero este piso porque ...

Está cerca de ...

Yo creo que es bastante / muy /

   un poco / demasiado ...

Tiene más/menos luz que ...

Cuesta el doble / el triple / la mitad /

   lo mismo.

Éste/a es el/la mejor.

A. Tu compañero y tú trabajáis en la misma empresa. Vuestra compañía os manda a España durante varios meses a trabajar y tenéis que compartir piso. Piensa qué tipo de vivienda te gustaría alquilar.

CARACTERÍSTICAS

UBICACIÓN

PRECIO MÁXIMO

B. Estás buscando en un periódico español anuncios para alquilar un piso. Selecciona de los siguientes el que se adapta más a tus gustos. Tu compañero también ha encontrado un piso que le gusta. Decidid con cuál os quedáis.

A 5 min. del centro. 170 m², 5 h., 2 baños, parquet, cal., cocina equipada. Alto standing. 1000 euros/mes
Tf. 2933459825

ZONA VERDE. A 30 MIN. DEL CENTRO. 80m², 4 HAB., BÑ, BUEN ESTADO. GARAJE.
800 €
TF. 5154545690

Junto a la playa. Ext., ascensor, coc., com. bñ. 650 e. Ideal parejas. ¡VÉALO!

Tf. 3256486765

LUGAR DE TRABAJO

Está en ...	Está bastante céntrico/lejos/...
Hay/Tiene mucha luz/espacio/...	Hace mucho frío/calor.
Está dividido en ...	Creo que ... porque ...
La decoración es ...	Necesito más ....

¿Te gusta el lugar donde trabajas? ¿Crees que te ayuda a trabajar mejor? Haz este pequeño test y coméntalo con tu compañero.

LOCALIZACIÓN
- ☐ A. a menos de 10 minutos de casa en transporte
- ☐ B. a menos de 20 minutos de casa en transporte
- ☐ C. a más de 20 minutos de casa en transporte

ESPACIO
- ☐ A. local diáfano (sin divisiones)
- ☐ B. dividido en despachos grandes
- ☐ C. dividido en despachos pequeños

LUZ
- ☐ A. mucha luz natural
- ☐ B. luz natural solo algunas horas al día
- ☐ C. solo luz artificial

RUIDO
- ☐ A. despachos insonorizados
- ☐ B. sonido ambiente normal
- ☐ C. ruido de faxes, impresoras, teléfonos...

EQUIPO
- ☐ A. hay todo el material logístico necesario
- ☐ B. hay casi todo el material logístico necesario
- ☐ C. falta mucho material logístico

DECORACIÓN
- ☐ A. agradable y de buen gusto
- ☐ B. pasa totalmente desapercibida
- ☐ C. desagradable y de mal gusto

LUGAR DE TRABAJO

Está en ...	Está bastante céntrico/lejos/...
Hay/Tiene mucha luz/espacio/...	Hace mucho frío/calor.
Está dividido en ...	Creo que ... porque ...
La decoración es ...	Necesito más ....

¿Te gusta el lugar donde trabajas? ¿Crees que te ayuda a trabajar mejor? Haz este pequeño test y coméntalo con tu compañero.

LOCALIZACIÓN
- ☐ A. a menos de 10 minutos de casa en transporte
- ☐ B. a menos de 20 minutos de casa en transporte
- ☐ C. a más de 20 minutos de casa en transporte

ESPACIO
- ☐ A. local diáfano (sin divisiones)
- ☐ B. dividido en despachos grandes
- ☐ C. dividido en despachos pequeños

LUZ
- ☐ A. mucha luz natural
- ☐ B. luz natural solo algunas horas al día
- ☐ C. solo luz artificial

RUIDO
- ☐ A. despachos insonorizados
- ☐ B. sonido ambiente normal
- ☐ C. ruido de faxes, impresoras, teléfonos...

EQUIPO
- ☐ A. hay todo el material logístico necesario
- ☐ B. hay casi todo el material logístico necesario
- ☐ C. falta mucho material logístico

DECORACIÓN
- ☐ A. agradable y de buen gusto
- ☐ B. pasa totalmente desapercibida
- ☐ C. desagradable y de mal gusto

TAREAS

La Directora tiene que ...

Pedro Dueñas se encarga de ...

Luz Vicario escribe/envía/elabora ...

¿Quién inaugura/asigna/negocia ...?

A. Éstos son algunos de los trabajadores de Géminis, una empresa de formación. Todas las semanas hacen una lista de las cosas que hay que hacer y se reparten las tareas en una pizarra. ¿Quién crees que se encarga de cada una de las cosas de la lista del proyecto Sanita? Escríbelo.

Elisa Lagier
Directora

Pedro Dueñas
Formador

Luz Vicario
Administrativa

Marcelo Duhalde
Comercial

Proyecto Sanita

- Escribir los informes finales

- Enviar los informes finales

- Tener una reunión con el Director de Formación de Sanita

- Elaborar la factura final

- Enviar la factura por fax

- Firmar el contrato con Sanita

B. Ahora pregúntale a tu compañero qué hacen estas mismas personas en el proyecto Correos. ¿Estás de acuerdo con él?

TAREAS

A. Éstos son algunos de los trabajadores de Géminis, una empresa de formación. Todas las semanas hacen una lista de las cosas que hay que hacer y se reparten las tareas en una pizarra. ¿Quién crees que se encarga de cada una de las cosas de la lista del proyecto Correos? Escríbelo.

Elisa Lagier
Directora

Pedro Dueñas
Formador

Luz Vicario
Administrativa

Marcelo Duhalde
Comercial

Proyecto Correos

- <u>Recibir a los nuevos estudiantes</u>

- <u>Inaugurar el curso de formación</u>

- <u>Negociar con Correos acerca del pago del curso</u>

- <u>Elaborar el programa del curso</u>

- <u>Asignar un aula para el curso</u>

- <u>Reunirse con el Jefe de Formación de Correos</u>

B. Ahora pregúntale a tu compañero qué hacen estas mismas personas en el proyecto Sanitas. ¿Estás de acuerdo con él?

COMPROMISOS LABORALES

¿Qué tal el ...? / ¿Y si quedamos el ...?	Yo el ... no puedo porque tengo que ...
¿Cuándo podemos vernos?	La reunión puede ser ...
¿A qué hora es ...? / ¿Qué día tienes ...?	Entonces quedamos por la mañana /
Pues, primero podemos ... y luego ...	por la tarde / a mediodía/...

A. Tu compañero y tú trabajáis juntos en un estudio de arquitectos. Esta semana tienes que hacer bastantes cosas. Escríbelas en tu agenda y anota también la hora.

5 lunes

mañana

tarde

6 martes

mañana

tarde

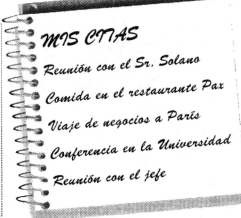

MIS CITAS

Reunión con el Sr. Solano

Comida en el restaurante Pax

Viaje de negocios a París

Conferencia en la Universidad

Reunión con el jefe

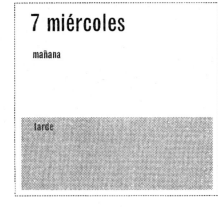

7 miércoles

mañana

tarde

8 jueves

mañana

tarde

9 viernes

mañana

tarde

B. Unos clientes os visitan esta semana durante unos días: llegan el martes a primera hora de la mañana y se van el viernes por la tarde. Ponte de acuerdo con tu compañero sobre qué hacer y cuándo. Anótalo en tu agenda.

Compromisos

cenar en un restaurante típico	visitar algún museo famoso
celebrar una reunión	asistir a algún espectáculo
ir al teatro	enseñarles las oficinas
hacer una comida de negocios	ir a recogerlos al aeropuerto

COMPROMISOS LABORALES

¿Qué tal el ...? / ¿Y si quedamos el ...?

¿Cuándo podemos vernos?

¿A qué hora es ...? / ¿Qué día tienes ...?

Pues, primero podemos ... y luego ...

Yo el ... no puedo porque tengo que ...

La reunión puede ser ...

Entonces quedamos por la mañana / por la tarde / a mediodía/...

A. Tu compañero y tú trabajáis juntos en un estudio de arquitectos. Esta semana tienes que hacer bastantes cosas. Escríbelas en tu agenda y anota también la hora.

5 lunes
mañana

tarde

6 martes
mañana

tarde

MIS CITAS

Desayuno con el abogado de ROC

Visita a las obras del Hotel Sol

Jugar al golf con un cliente

Reunión con el asesor comercial

Reunión con el jefe

7 miércoles
mañana

tarde

8 jueves
mañana

tarde

9 viernes
mañana

tarde

B. Unos clientes os visitan esta semana durante unos días: llegan el martes a primera hora de la mañana y se van el viernes por la tarde. Ponte de acuerdo con tu compañero sobre qué hacer y cuándo. Anótalo en tu agenda.

Compromisos

cenar en un restaurante típico

celebrar una reunión

ir al teatro

hacer una comida de negocios

visitar algún museo famoso

asistir a algún espectáculo

enseñarles las oficinas

ir a recogerlos al aeropuerto

MI TRABAJO

Soy responsable de ...

Tengo que ...

Dirijo/Coordino/Superviso/Diseño ...

Me ocupo / Estoy a cargo de ...

Elige un elemento de cada caja: una compañía, un departamento y un puesto. Explícale a tu compañero en qué consiste tu trabajo y qué haces en un día normal. Él debe adivinar cuál es tu puesto y en qué departamento y empresa trabajas.

Compañías

Telefónica Bahiense

Empresa de software Microsós

Agencia de publicidad Creart

Revista virtual Moda.com

Agencia de seguros Prudencia

Banco del Norte

Departamentos

Ventas

Marketing

Contabilidad

Investigación y Desarrollo

Administración y Finanzas

Apoyo Técnico

Puestos

Director	Asesor
Diseñador	Jefe de proyectos
Secretario	Productor

MI TRABAJO

Soy responsable de ...	Dirijo/Coordino/Superviso/Diseño ...
Tengo que ...	Me ocupo / Estoy a cargo de ...

Elige un elemento de cada caja: una compañía, un departamento y un puesto. Explícale a tu compañero en qué consiste tu trabajo y qué haces en un día normal. Él debe adivinar cuál es tu puesto y en qué departamento y empresa trabajas.

Compañías

Telefónica Bahiense

Empresa de software Microsós

Agencia de publicidad Creart

Revista virtual Moda.com

Agencia de seguros Prudencia

Banco del Norte

Departamentos

Ventas

Marketing

Contabilidad

Investigación y Desarrollo

Administración y Finanzas

Apoyo Técnico

Puestos

Director	Asesor
Diseñador	Jefe de proyectos
Secretario	Productor

AL TELÉFONO

¿Sí? / ¿Dígame?	Tengo que hablar con usted de ...
Buenos días, ¿el Sr. ..., por favor?	¿Cuándo podemos vernos?
¿Puedo/Podría hablar con ...? /¿Está ...?	¿Qué tal el lunes / mañana /...?
¿De parte de quién?	De acuerdo.

A. Eres el Director Comercial de una empresa de nuevas tecnologías. Tienes que hablar con el Sr. Felipe Domenech, presidente de una empresa de la competencia, para proponerle un negocio conjunto. El Sr. Domenech está de visita en la ciudad y se aloja en el Hotel Carlos V. Prepara antes lo que vas a decir y después llama.

B. Trabajas en la recepción del Dr. Calderón. Vas a recibir una llamada. Responde al teléfono y completa el cuadro.

Dr. Calderón

Ha llamado el Sr. / la Sra.

_____

para

_____

_____

y solicita que

_____

_____

AL TELÉFONO

¿Sí? / ¿Dígame?	Tengo que hablar con usted de ...
Buenos días, ¿el Sr. ..., por favor?	¿Cuándo podemos vernos?
¿Puedo/Podría hablar con ...? /¿Está ...?	¿Qué tal el lunes / mañana /...?
¿De parte de quién?	De acuerdo.

A. Eres el Sr. Felipe Domenech, presidente de una empresa de nuevas tecnologías. Vas a recibir una llamada. Responde al teléfono y completa el cuadro.

¿Quién llama?

¿Para qué?

¿Qué habéis acordado?

B. Tienes que concertar una cita con tu médico. Prepara antes lo que vas a decir y, después, llama.

EL CANDIDATO IDEAL

Necesitamos a una persona ... porque ...   Pues a mí no porque ... Prefiero a ...   Me encanta ...   Yo también prefiero a una persona ...   A mí también/tampoco.   ... me gusta mucho porque ...

A. Tú y tu compañero trabajáis en el Departamento de Recursos Humanos de una editorial especializada en la publicación de libros para secundaria. Estáis buscando a un comercial para el Departamento de Ventas. Decide con tu compañero el perfil de la persona que necesitáis.

PERFIL

B. Éste es el resumen de los tres currículos que has seleccionado. Elige el que te parece más apropiado para el puesto y defiéndelo ante el candidato que ha elegido tu compañero. Al final, solo puede quedar uno.

Antonio Casero Castro
44 años
casado, dos hijos

- Sin estudios universitarios
- 5 años de experiencia como jefe de un almacén
- 8 años de comercial en la editorial Vergara
- 6 años dirigiendo su propio negocio
- 1 año en una distribuidora de libros
- Curso de ventas
- Cualidades: responsable y trabajador

Ester Segura Medina
25 años
soltera

- Administrativa
- Conocimientos amplios de Informática
- Trabaja actualmente como secretaria en una compañía de seguros
- Trabajó durante unos meses como relaciones públicas de una discoteca
- Buen nivel de inglés y de italiano
- Cualidades: comunicativa y emprendedora

Ana García Tejero
30 años
soltera

- Licenciada en Empresariales
- Carnet de conducir
- Idiomas: inglés y francés
- Experiencia profesional: jefa de la sección de complementos en unos grandes almacenes, recepcionista en un hotel
- Cualidades: profesional y competente

EL CANDIDATO IDEAL

Necesitamos a una persona ... porque ...   Pues a mí no porque ... Prefiero a ...

Me encanta ...   Yo también prefiero a una persona ...

A mí también/tampoco.   ... me gusta mucho porque ...

A. Tú y tu compañero trabajáis en el Departamento de Recursos Humanos de una editorial especializada en la publicación de libros para secundaria. Estáis buscando a un comercial para el Departamento de Ventas. Decide con tu compañero el perfil de la persona que necesitáis.

PERFIL

B. Éste es el resumen de los tres currículos que has seleccionado. Elige el que te parece más apropiado para el puesto y defiéndelo ante el candidato que ha elegido tu compañero. Al final, solo puede quedar uno.

Jesús Casero López
27 años
soltero

- Licenciado en Historia
- Máster en Educación
- Idiomas: francés
- Experiencia profesional: profesor en un colegio privado, gerente de la empresa familiar
- Cualidades: inteligente y serio

Anabel Cano De María
31 años
divorciada, dos hijos

- Licenciada en Psicología
- 10 años en el Departamento de Personal de la empresa Piblix
- 15 años en una empresa alemana en Munich como responsable del Departamento de Relaciones Internacionales
- Idiomas: alemán
- Cualidades: simpática y trabajadora

Pilar Carrasco Utrera
32 años
casada, sin hijos

- Diploma en Contabilidad
- Conocimientos amplios de Informática
- Trabaja actualmente como empleada de banca
- Trabajó durante 5 años como secretaria en una editorial
- Buen nivel de inglés y nociones de italiano, francés y alemán
- Cualidades: competente y comunicativa

CONDICIONES LABORALES

¿Qué horario tienes?	¿Te gusta...?
¿Cuánto te pagan?	Me gusta bastante/mucho/...
¿Cuántos días de vacaciones tienes?	No, no me gusta nada. Prefiero ...

Pregúntale a tu compañero por sus condiciones laborales y anota lo que te diga. ¿Crees que está contento? Después, él te preguntará a ti.

	CONDICIONES LABORALES
Horario de trabajo	
Vacaciones	
Condiciones económicas	
Cursos de formación	
Extras (vehículo, pagas extras, dietas...)	

CONDICIONES LABORALES

¿Qué horario tienes?	¿Te gusta ...?
¿Cuánto te pagan?	Me gusta bastante/mucho/...
¿Cuántos días de vacaciones tienes?	No, no me gusta nada. Prefiero ...

Prégunta le a tu compañero por sus condiciones laborales y anota lo que te diga. ¿Crees que está contento? Después, él te preguntará a ti.

	CONDICIONES LABORALES
Horario de trabajo	
Vacaciones	
Condiciones económicas	
Cursos de formación	
Extras (vehículo, pagas extras, dietas...)	

INVITACIONES

¿Le/Te apetece ...?	¿Cenamos/comemos ... juntos?
¿Por qué no ...? / ¿Y si ...?	Estupendo / Vale / De acuerdo.
¿Quiere/s ir a ...?	Lo siento, no puedo. Es que ...

A. ¿Qué tipo de actividades haces normalmente con tus clientes? ¿Y con tus amigos? Elige una de estas actividades y escribe un correo electrónico invitando a tu compañero.

Campeonato de España de tenis femenino

1-15 de junio

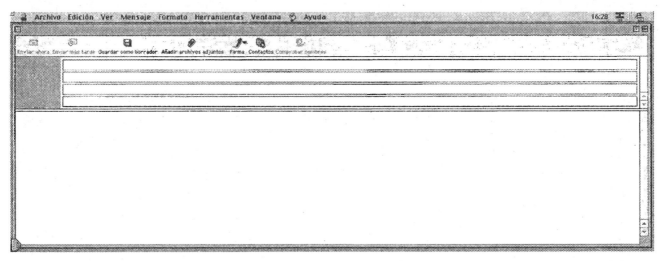

B. Responde a la invitación de tu compañero. Si no puedes aceptarla, da una excusa y propón una alternativa.

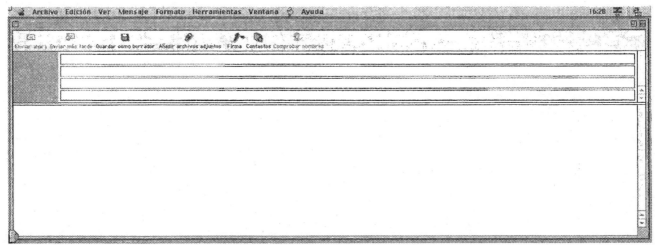

INVITACIONES

¿Le/Te apetece ...?	¿Cenamos/comemos ... juntos?
¿Por qué no ...? / ¿Y si ...?	Estupendo / Vale / De acuerdo.
¿Quiere/s ir a ...?	Lo siento, no puedo. Es que ...

A. ¿Qué tipo de actividades haces normalmente con tus clientes? ¿Y con tus amigos? Elige una de estas actividades y escribe un correo electrónico invitando a tu compañero.

Locura de amor

Campeonato de España de tenis femenino

F.C. Barcelona Real Madrid

1-15 de junio

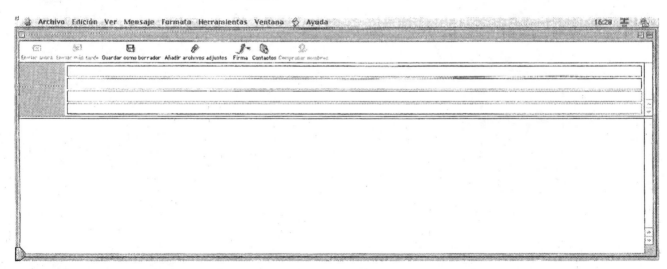

B. Responde a la invitación de tu compañero. Si no puedes aceptarla, da una excusa y propón una alternativa.

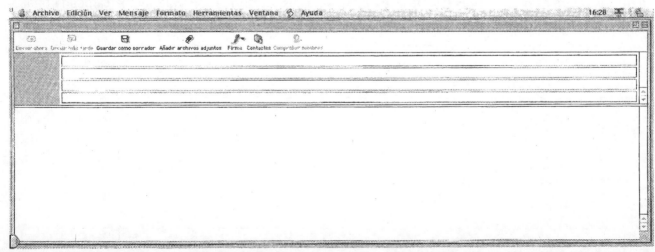

PROYECTOS

Puede ser un teléfono ...	(No) Me parece bien ...
El público va a ser ...	(No) Me gusta porque ...
Pensamos distribuirlo ...	No, no es posible porque ...
(No) Estoy de acuerdo con ...	Lo mejor / Lo más importante es ...

A. Tu compañero y tú trabajáis en una compañía de telefonía móvil. Vuestra empresa quiere lanzar un nuevo teléfono al mercado. Decidid juntos cómo va a ser el producto.

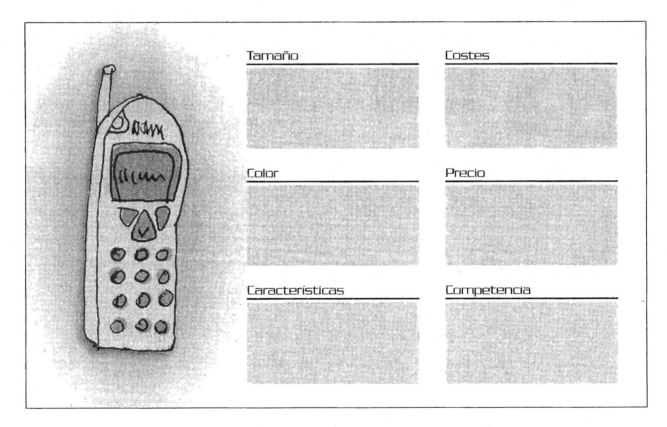

Tamaño

Costes

Color

Precio

Características

Competencia

B. Ahora, vais a definir la campaña de publicidad para vuestro nuevo teléfono. Primero, cada uno va a decidir sobre estos tres aspectos. Después, intercambiaos la información y decidid la campaña final. Haced una presentación del producto y del marketing que vais a llevar a cabo.

Eslogan	
Público	
Fecha y lugar de lanzamiento	

PROYECTOS

Puede ser un teléfono ...	(No) Me parece bien ...
El público va a ser ...	(No) Me gusta porque ...
Pensamos distribuirlo ...	No, no es posible porque ...
(No) Estoy de acuerdo con ...	Lo mejor / Lo más importante es ...

A. Tu compañero y tú trabajáis en una compañía de telefonía móvil. Vuestra empresa quiere lanzar un nuevo teléfono al mercado. Decidid juntos cómo va a ser el producto.

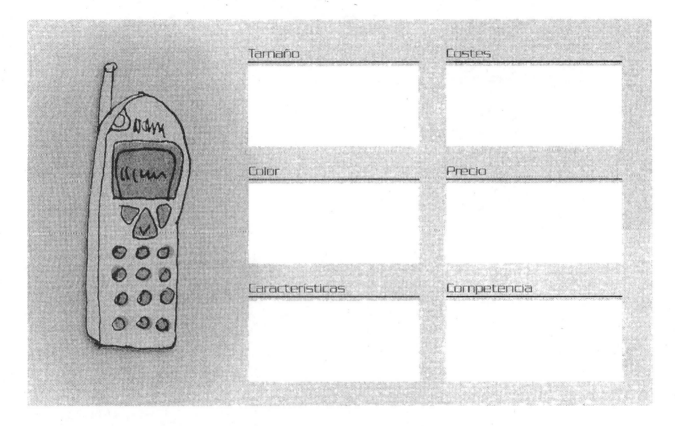

Tamaño	Costes

Color	Precio

Características	Competencia

B. Ahora, vais a definir la campaña de publicidad para vuestro nuevo teléfono. Primero, cada uno va a decidir sobre estos tres aspectos. Después, intercambiaos la información y decidid la campaña final. Haced una presentación del producto y del marketing que vais a llevar a cabo.

Promociones	
Distribución	
Medios de comunicación	

PRODUCTOS Y CONSUMIDORES

Este modelo gasta/consume/cuesta
más / menos / lo mismo (que) ...

Tiene el mismo ... que ...

Es más / menos / igual de ... que ...

Es mejor/peor/igual que ...

Vamos a desarrollar ...

Tiene que ser un coche ... porque ...

Puede tener ...

A. Compara con tu compañero estos cuatro coches y decidid a qué consumidor tipo van dirigidos.

Fordswagen Frontera
Precio 21.500 euros
Motor 2400 cc
Tamaño grande
Consumo medio: 15 litros
5 puertas
Frenos A.B.S., 4 airbags, cierre
centralizado con mando a distancia,
aire acondicionado, equipo de audio
con 6 altavoces, barras de protección
laterales

Fordswagen Kat
Precio 10.500 euros
Motor 1100 cc
Tamaño pequeño
Consumo medio: 6 litros
3 puertas

Fordswagen Lakuna
Precio 18.500 euros
Motor 1800 cc
Tamaño grande
Consumo medio: 11 litros
5 puertas
Frenos A.B.S., 4 airbags, cierre
centralizado con mando a distan-
cia, aire acondicionado

Fordswagen Gol
Precio 15.400 euros
Motor 1600 cc
Tamaño mediano
Consumo medio: 8 litros
3 puertas
Airbag, elevalunas eléctrico

B. Tu compañero y tú trabajáis en la empresa de automóviles Fordswagen. ¿Qué coche vais a desarrollar para vender a este consumidor tipo?

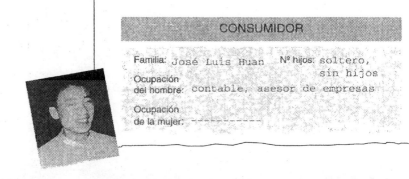

CONSUMIDOR

Familia: José Luis Huan   Nº hijos: soltero,
                                     sin hijos
Ocupación
del hombre: contable, asesor de empresas

Ocupación
de la mujer: -----------

PRODUCTOS Y CONSUMIDORES

> Este modelo gasta/consume/cuesta
>
> más / menos / lo mismo (que) ...
>
> Tiene el mismo ... que ...
>
> Es más / menos / igual de ... que ...
>
> Es mejor/peor/igual que ...
>
> Vamos a desarrollar ...
>
> Tiene que ser un coche ... porque ...
>
> Puede tener ...

A. Descríbele a tu compañero estos cuatro consumidores tipo y decidid qué coche de Fordswagen es el que mejor se adapta a sus necesidades.

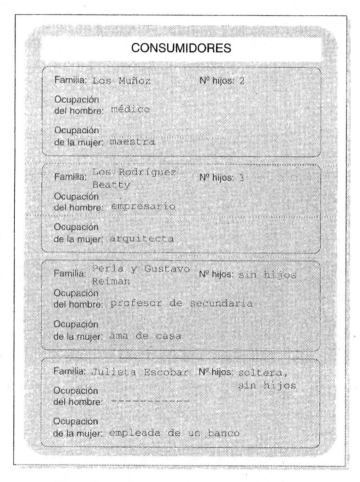

```
                    CONSUMIDORES

Familia: Los Muñoz          Nº hijos: 2

Ocupación
del hombre: médico

Ocupación
de la mujer: maestra


Familia: Los Rodríguez      Nº hijos: 3
         Beatty
Ocupación
del hombre: empresario

Ocupación
de la mujer: arquitecta


Familia: Perla y Gustavo    Nº hijos: sin hijos
         Reiman
Ocupación
del hombre: profesor de secundaria

Ocupación
de la mujer: ama de casa


Familia: Julieta Escobar  Nº hijos: soltera,
                                    sin hijos
Ocupación
del hombre: -----------

Ocupación
de la mujer: empleada de un banco
```

B. Tu compañero y tú trabajáis en la empresa de automóviles Fordswagen. ¿Qué coche vais a desarrollar para vender a este consumidor tipo?

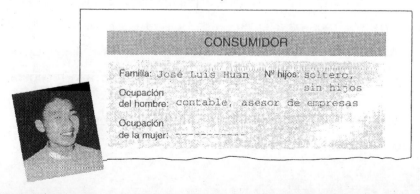

```
                CONSUMIDOR

Familia: José Luis Huan   Nº hijos: soltero,
                                    sin hijos
Ocupación
del hombre: contable, asesor de empresas

Ocupación
de la mujer: -----------
```

GRÁFICAS

El valor de las acciones ha subido en ...

En ... las acciones han caído en picado.

A partir de marzo/abril/mayo ...

En el primer trimestre ...

Es mejor invertir en ... porque ...

Tú y tu compañero os dedicáis a la gestión de fondos de inversión. Ambos tenéis que decidir dónde invertir dinero. Tú tienes los datos de la empresa Amarcord, que se dedica a la venta de libros y música por Internet. Contesta a las preguntas que te hará tu compañero sobre esta empresa. Después, hazle tú algunas preguntas sobre la cadena de librerías Cervantes y toma notas de lo que te diga. Decidid en cuál de las dos empresas es más conveniente invertir.

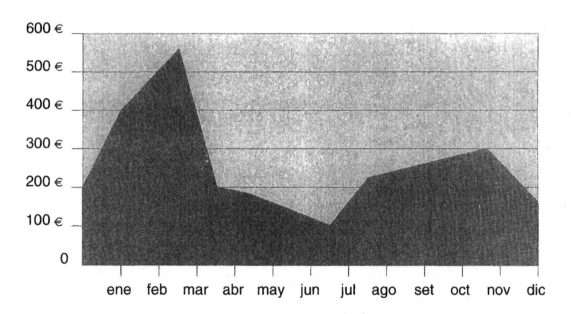

■ Amarcord

 Cervantes

1. ¿Con qué valor han cotizado las acciones a principios y a finales de año?
2. ¿Cuál ha sido el mejor mes para la empresa? ¿Y el peor? ¿Por qué?
3. ¿El valor de una acción ha superado los 500 euros? ¿Y ha bajado de 100?
4. ¿En algún momento las acciones han caído en picado? ¿Se han recuperado de esa caída?
5. ¿En algún mes el valor de las acciones se ha mantenido estable?
6. Haz una valoración general de este año.

GRÁFICAS

El valor de las acciones ha subido en ...

En ... las acciones han caído en picado.

A partir de marzo/abril/mayo ...

En el primer trimestre ...

Es mejor invertir en ... porque ...

Tú y tu compañero os dedicáis a la gestión de fondos de inversión. Ambos tenéis que decidir dónde invertir dinero. Tu compañero tiene datos sobre Amarcord, una empresa que vende libros y música por Internet. Hazle las preguntas del cuadro y toma notas. Tú tienes los datos de la empresa Cervantes, que posee una cadena de librerías y tiendas de música. Contesta las preguntas de tu compañero. Decidid en cuál de las dos empresas es más conveniente invertir.

■ Amarcord

1. ¿Con qué valor han cotizado las acciones a principios y a finales de año?
2. ¿Cuál ha sido el mejor mes para la empresa? ¿Y el peor? ¿Por qué?
3. ¿El valor de una acción ha superado los 500 euros? ¿Y ha bajado de 100?
4. ¿En algún momento las acciones han caído en picado? ¿Se han recuperado de esa caída?
5. ¿En algún mes el valor de las acciones se ha mantenido estable?
6. Haz una valoración general de este año.

 Cervantes

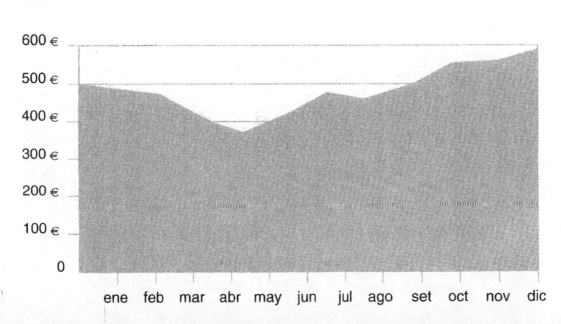

COMPROBACIONES

¿Ya ha enviado / llamado a / ...?	¿Por qué todavía no ...?
No, todavía no ... / Sí, ya ...	Porque ... / Es que ...

A. Eres el director de una agencia de viajes y tu compañero es uno de tus trabajadores. Pregúntale si ya ha hecho las siguientes cosas. Si te dice que no, pregúntale por qué.

TAREAS POR REALIZAR	SI	NO
- enviar por correo ordinario los nuevos catálogos a los clientes	☐	☐
- concertar una cita con el Director Comercial de Air España	☐	☐
- estudiar el presupuesto para las reformas en la oficina	☐	☐
- asistir a la reunión con los nuevos comerciales	☐	☐
- contestar los correos electrónicos	☐	☐

B. Ahora tú eres el Secretario del Director de una productora de televisión. Tu jefe llega al despacho a media tarde y te pregunta si ya has hecho las siguientes cosas. Responde a las preguntas que te hace y justifica las cosas que no has hecho. Las ilustraciones te pueden ayudar.

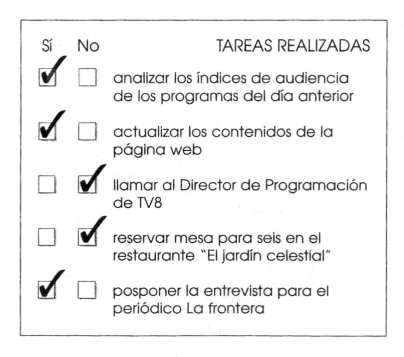

Sí	No	TAREAS REALIZADAS
✔	☐	analizar los índices de audiencia de los programas del día anterior
✔	☐	actualizar los contenidos de la página web
☐	✔	llamar al Director de Programación de TV8
☐	✔	reservar mesa para seis en el restaurante "El jardín celestial"
✔	☐	posponer la entrevista para el periódico La frontera

COMPROBACIONES

¿Ya ha enviado / llamado a / ...?	¿Por qué todavía no ...?
No, todavía no ... / Sí, ya ...	Porque / Es que ...

A. Trabajas en una agencia de viajes y tu compañero es el director. Responde a las preguntas que te hace y justifica las cosas que no has hecho. Las ilustraciones te pueden ayudar.

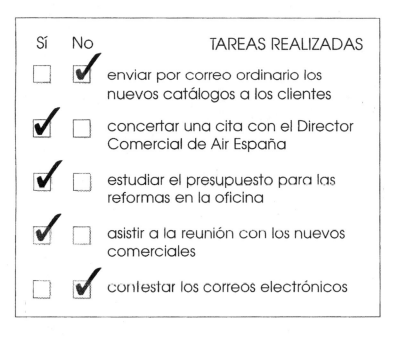

Sí	No	TAREAS REALIZADAS
☐	☑	enviar por correo ordinario los nuevos catálogos a los clientes
☑	☐	concertar una cita con el Director Comercial de Air España
☑	☐	estudiar el presupuesto para las reformas en la oficina
☑	☐	asistir a la reunión con los nuevos comerciales
☐	☑	contestar los correos electrónicos

B. Ahora, tú eres el director de una productora de televisión. Llegas al despacho a media tarde y le preguntas a tu secretario si ya ha hecho las siguientes cosas. Si te dice que no, pregúntale por qué.

TAREAS POR REALIZAR	SI	NO
- analizar los índices de audiencia de los programas del día anterior	☐	☐
- actualizar los contenidos de la página web	☐	☐
- llamar al director de Programación de TV8	☐	☐
- reservar mesa para seis en el restaurante "El jardín celestial"	☐	☐
- posponer la entrevista para el periódico La Frontera	☐	☐

FAVORES

¿Me dejas ...? / ¿Me das/pasas ...? /	Lo siento, es que ...
¿Tienes ...?	No, disculpa, es que ...
¿Puedes dejarme/pasarme/darme ...?	Sí, toma ...
Otra cosa, ¿podrías ...? / ¿te importaría ...?	Por supuesto.

Tú y tu compañero trabajáis en el Banco de Huesca. Ambos tenéis mucho trabajo. Pídele lo que necesites. Si él te pide algo, reacciona. Si respondes que no, da una explicación.

Estás escribiendo una carta y necesitas estos objetos. Pídeselos a tu compañero.

Has terminado la carta. Pídele a tu compañero que la lea y la corrija

Dentro de una hora va a llegar un cliente. Tú no puedes atenderlo. Pídele a tu compañero que lo atienda.

FAVORES

¿Me dejas ...? / ¿Me das/pasas ...? /	Lo siento, es que ...
¿Tienes ...?	No, disculpa, es que ...
¿Puedes dejarme/pasarme/darme ...?	Sí, toma ...
Otra cosa, ¿podrías ...? / ¿te importaría ...?	Por supuesto.

Tú y tu compañero trabajáis en el Banco de Huesca. Ambos tenéis mucho trabajo. Pídele lo que necesites. Si él te pide algo, reacciona. Si respondes que no, da una explicación.

Dentro de una hora tienes una reunión por teléfono pero no vas a tener tiempo. Pídele a tu compañero que tome la llamada.

Tienes que escribir un informe y necesitas estos objetos. Pídeselos a tu compañero.

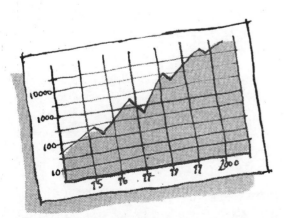

Necesitas algunos datos más, pero no sabes dónde encontrarlos. Pregúntale a tu compañero si los tiene y pídeselos.

CONTRATIEMPOS

He pensado reservar/organizar ...	Y si no hay ..., podemos ...
Voy a enviar/buscar ...	Sí, sí. Buena idea. / Vale, me parece bien.
Si el vuelo se retrasa, llamaremos a ...	No sé si es una buena idea ...

A. Tú y tu compañero trabajáis en una empresa que organiza ferias y congresos. Un cliente muy importante os ha pedido que le organicéis una serie de cosas. Tú te encargas de los vuelos y del recibimiento. Coméntale a tu compañero tus ideas para ver qué le parecen.

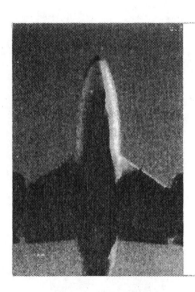

Vuelos y recibimientos

- Reservar plazas de primera clase en un avión para que lleguen dos horas antes de la feria
- Mandar un chófer para que los recoja a la hora exacta
- Encargarse del equipaje
- Enviar también una azafata que hable inglés perfectamente para que les ayude
- Que la directora de nuestra empresa los reciba en la feria

B. Tu compañero se encarga del alojamiento y de las actividades de ocio. Escribe lo que ha pensado e imagina los posibles problemas o contratiempos que pueden surgir. Entre los dos buscad soluciones alternativas.

CONTRATIEMPOS

He pensado reservar/organizar ...	Y si no hay ..., podemos ...
Voy a enviar/buscar ...	Sí, sí. Buena idea. / Vale, me parece bien.
Si el vuelo se retrasa, llamaremos a ...	No sé si es una buena idea ...

A. Tú y tu compañero trabajáis en una empresa que organiza ferias y congresos. Un cliente muy importante os ha pedido que le organicéis una serie de cosas. Tu compañero se encarga de los vuelos y del recibimiento. Escribe lo que ha pensado e imagina los posibles problemas o contratiempos que pueden surgir. Entre los dos buscad soluciones alternativas.

B. Tú te encargas del alojamiento y de las actividades de ocio. Coméntale a tu compañero tus ideas para ver qué le parecen.

Alojamiento y ocio

- Reservar habitaciones de lujo en un hotel céntrico
- Llevarles a conocer la vida nocturna de la ciudad
- Organizar una comida/cena para degustar los productos típicos del país
- Asistir a algún acontecimiento deportivo o cultural

NOTICIAS

¿Sabes/Sabías que ...? / He leído que ...   (Pues) me parece bien porque ...

... ha dicho / dice que ... / pregunta si ...   Yo creo que no tiene razón porque ...

A. Mira el periódico y elige tres noticias que te interesan relacionadas con los temas propuestos en el cuadro. Después, escribe algunas de las declaraciones más importantes que aparecen en ellas.

Economía

¿quién?

¿qué?

Internacional

¿quién?

¿qué?

Deportes

¿quién?

¿qué?

B. Estás en una comida de negocios con tu compañero. Estáis comentando las noticias de la semana. Habla de las noticias que has seleccionado. Luego, da tu opinión sobre las noticias de tu compañero.

NOTICIAS

¿Sabes/Sabías que ...? / He leído que ...   (Pues) me parece bien porque ...

... ha dicho / dice que ... / pregunta si ...   Yo creo que no tiene razón porque ...

A. Mira el periódico y elige tres noticias que te interesan relacionadas con los temas propuestos en el cuadro. Después, escribe algunas de las declaraciones más importantes que aparecen en ellas.

Sucesos

¿quién?

¿qué?

Nacional

¿quién?

¿qué?

Cultura

¿quién?

¿qué?

B. Estás en una comida de negocios con tu compañero. Estáis comentando las noticias de la semana. Habla de las noticias que has seleccionado. Luego, da tu opinión sobre las noticias de tu compañero.

HISTORIA DE UNA EMPRESA

¿En qué año / Cuándo se constituyó ...?   ¿Qué pasó en el año ...?

¿Quién/es fue/fueron su/s ...?   ¿Dónde estuvo/estuvieron ...?

Tu compañero y tú tenéis este artículo sobre la historia de Lácteos S.A., pero os faltan algunos datos. Pregúntale la información que te falta y completa el artículo.

Lácteos S.A. a la cabeza del mercado

Lácteos S.A. se constituyó en _____ _____ en el año 1955 con el objetivo de garantizar el suministro de leche higienizada en esta región.

_____, sus fundadores, la llamaron Lechera Central. En _____ cambió a Lácteos S.A., su nombre actual.

En sus primeras instalaciones, situadas en _____, se dedicaban solamente a la elaboración de leche pasteurizada. Sin embargo, en el año 1965 empezaron a elaborar otros productos como _____ _____ en los que el periodo de caducidad era mayor. Debido al aumento constante de la demanda de leche pasteurizada, a principios de los años 70 su producción alcanzó los 150 000 litros diarios.

En _____ la rápida expansión por otras regiones españolas, llevó a la empresa a la creación de una industria láctea más modernizada. Dos años más tarde se trasladó a Comillas, su sede actual, y su producción pronto alcanzó los _____ litros diarios.

En 1982 _____ y a finales de esta década adquirió el 75% de la empresa de alimentación _____.

Tres años después creó el Área de Desarrollo Ganadero y al cabo de cinco años llegó a disponer de más de _____ cabezas de ganado. "En 1998 se produjo uno de los hechos más importantes para el desarrollo futuro de la compañía", afirma Felipe Serrano, Director General, "con la creación del Departamento de Investigación y Desarrollo, con lo que pasamos a ser la primera empresa del sector.".

HISTORIA DE UNA EMPRESA

¿En qué año / Cuándo se constituyó ...?   ¿Qué pasó en el año ...?

¿Quién/es fue/fueron su/s ...?   ¿Dónde estuvo/estuvieron ...?

Tu compañero y tú tenéis este artículo sobre la historia de Lácteos S.A., pero os faltan algunos datos. Pregúntale la información que te falta y completa el artículo.

Lácteos S.A. a la cabeza del mercado

Lácteos S.A. se constituyó en Santander en el año _____ con el objetivo de garantizar el suministro de leche higienizada en esta región.

Ramón Martos López y Jose Rueda Piedra, sus fundadores, la llamaron _____ _____. En 1970 cambió a Lácteos S.A., su nombre actual.

En sus primeras instalaciones, situadas en Santillana del Mar, se dedicaban solamente a la elaboración de leche pasteurizada. Sin embargo, en el año _____ empezaron a elaborar otros productos como leche en polvo, la mantequilla o los batidos en los que el periodo de caducidad era mayor. Debido al aumento constante de la demanda de leche pasteurizada, a principios de los años 70 su producción alcanzó los _____ litros diarios.

En 1973 la rápida expansión por otras regiones españolas, llevó a la empresa _____ _____.

Dos años más tarde se trasladó a _____ _____, su sede actual, y su producción pronto alcanzó los 400.000 litros diarios.

En 1982 entró a cotizar en Bolsa y a finales de esta década adquirió el _____% de la empresa de alimentación Provecho.

Tres años después creó el _____ _____ y al cabo de cinco años llegó a disponer de más de 10.000 cabezas de ganado. "En 1998 se produjo uno de los hechos más importantes para el desarrollo futuro de la compañía", afirma Felipe Serrano, _____ _____, "con la creación del _____ _____ con lo que pasamos a ser la primera empresa del sector."

CURRÍCULUM VITAE

Nací el ... de ... en ...	Hace un año / un mes / una semana ...
Estudié ... de ... a ... / Trabajé en ... hasta ...	En ... me trasladé / volví a ...
Al año siguiente / Un año después ...	Puedes trabajar como/de ...

A. Escribe tu currículum vitae. Después, explícaselo a tu compañero.

CURRÍCULUM VITAE

DATOS PERSONALES

Nombre y apellidos: Dirección:

Fecha y lugar de nacimiento: Teléfono:

Estado civil: E-mail:

FORMACIÓN

EXPERIENCIA PROFESIONAL

IDIOMAS

OTROS

B. Ahora, tu compañero te va a explicar su currículum. Piensa qué trabajos son adecuados para él. Coméntaselo.

CURRÍCULUM VITAE

Nací el ... de ... en ...	Hace un año / un mes / una semana ...
Estudié ... de ... a ... / Trabajé en ... hasta ...	En ... me trasladé / volví a ...
Al año siguiente / Un año después ...	Puedes trabajar como/de ...

A. Escribe tu currículum vitae. Después, explícaselo a tu compañero.

CURRÍCULUM VITAE

Datos personales

Nombre y apellidos:
Dirección:
Fecha y lugar de nacimiento:
Estado civil:
Teléfono: E-mail:

Formación

Experiencia profesional

Idiomas

Otros

B. Ahora, tu compañero te va a explicar su currículum. Piensa qué trabajos son adecuados para él. Coméntaselo.

FORMACIÓN Y EXPERIENCIA

¿Cuando empezó/terminó sus estudios?	Empezó a trabajar en 1998 ...
¿Dónde estudió?	Al año siguiente ...
¿Cuando empezó a trabajar?	En 2000 se convirtió en ...

A. Lee estos pequeños currículos de Luciana y Orlando y, después, explícaselos a tu compañero.

Luciana Pearl

Formación
- Licenciada en Económicas por la Universidad de Yale en 1990
- Master en Gestión de Empresas en la Universidad de Barcelona en 1992
- Master en Economía Agroalimentaria en la Universidad de París en 1995

Experiencia
- Directora de Contabilidad del Hipermercado Fros en Barcelona de 1993 a 1995
- Directora Comercial de la franquicia de restaurantes Bon Appetit en París de 1996 a 2000
- Directora de la cadena de comida rápida MacMicky en Nueva York desde 2001

Orlando Martín

Formación
- Titulado en el Conservatorio de Música de Oviedo 1994
- Licenciado en Musicología por la Universidad de Oviedo en 1995
- Alumno personal del famoso saxofonista Tim Collins desde 1996 hasta 1999 en Londres

Experiencia
- Saxofonista del grupo londinense XY de 1997 a 2002
- Saxofonista del grupo Jusion&Fazz desde 2002 en Roma

B. Pregunta a tu compañero la información de estas dos personas y completa el cuadro.

	FORMACIÓN	AÑOS	LUGAR	EXPERIENCIA	AÑOS	LUGAR
Antonio Tena						
Juana Banetti						

FORMACIÓN Y EXPERIENCIA

¿Cuando empezó/terminó sus estudios?	Empezó a trabajar en 1998 ...
¿Dónde estudió?	Al año siguiente ...
¿Cuando empezó a trabajar?	En 2000 se convirtió en ...

A. Pregunta a tu compañero la información de estas dos personas y completa el cuadro.

	FORMACIÓN	AÑOS	LUGAR	EXPERIENCIA	AÑOS	LUGAR
Luciana Pearl						
Orlando Martín						

B. Lee estos pequeños currículos de Antonio y Juana y, después, explícaselos a tu compañero.

Antonio Tena

Formación
- Diplomado en Enfermería por la Universidad de Santiago de Compostela en 2000
- Curso de Geriatría en la Universidad Internacional Menéndez Pelayo de Santander en 2001

Experiencia
- Auxiliar de enfermería en el Geriátrico de Santa Ana en Madrid desde 2001 hasta 2002
- Enfermero del Hospital Juan Canalejo de A Coruña desde 2002.

Juana Banetti

Formación
- Licenciada en Ciencias de la Información por la Universidad de Buenos Aires en 1992
- Licenciada en Ciencias Políticas por la Universidad de Santiago de Chile en 2001
- Titulada en árabe por la Escuela Oficial de Idiomas de Santiago de Chile en 2001

Experiencia
- Corresponsal del periódico Clarín en Santiago de Chile desde 1993 hasta 2001
- Corresponsal del periódico La Palabra en El Cairo desde 2001

RECURSOS HUMANOS

Para mí, el jefe ideal es una persona ...	¿Te gusta ...?
Yo creo que el jefe ideal tiene que ser/	¿Qué haces cuando ...?
comportarse/transmitir ...	¿Cómo te llevas con ...?

A. ¿Cómo crees que tiene que ser el jefe ideal? Escríbelo en el recuadro.

El jefe ideal

B. Escribe las preguntas de este test y, luego, házselo a tu compañero para ver si responde a las características de jefe ideal.

1
- a. Siempre.
- b. A menudo.
- c. Nunca.

2
- a. Me llevo muy bien con todos.
- b. Ni bien ni mal, la verdad.
- c. Me llevo mal con la mayoría.

3
- a. Sí.
- b. A veces.
- c. No.

4
- a. Sí, me gusta mucho.
- b. Me da igual.
- c. No, no me gusta nada.

5
- a. Me gusta trabajar con gente.
- b. Me da igual.
- c. Me gusta trabajar solo.

6
- a. Me caen bien todos.
- b. No me caen ni bien ni mal.
- c. Casi todos me caen mal.

7
- a. Lo que hago es tomarme una tila.
- b. Salgo a pasear un rato.
- c. Grito a mis empleados.

8
- a. Soy estricto/a.
- b. Soy organizado/a.
- c. Soy flexible.

RECURSOS HUMANOS

Para mí, el jefe ideal es una persona ...	¿Te gusta ...?
Yo creo que el jefe ideal tiene que ser/	¿Qué haces cuando ...?
comportarse/transmitir ...	¿Cómo te llevas con ...?

A. ¿Cómo crees que tiene que ser el empleado ideal? Escríbelo en el recuadro.

El empleado ideal

B. Escribe las preguntas de este test y, luego, házselo a tu compañero para ver si responde a las características de empleado ideal.

1
a. Me gusta escuchar.
b. Me gusta analizar.
c. Me gusta opinar.

2
a. Me llevo bien con todos.
b. Me llevo bien con algunos.
c. Me llevo mal con casi todos.

3
a. Sí, siempre.
b. A veces.
c. No, nunca.

4
a. Siempre.
b. A menudo.
c. Nunca.

5
a. Me gustan mucho.
b. Me gustan.
c. No me gustan nada.

6
a. Me cae bien.
b. No hablo mucho con él.
c. Me cae bastante mal.

7
a. Soy tranquilo/a.
b. Soy rápido/a.
c. Soy muy competitivo/a.

8
a. Lo que hago es seguir trabajando.
b. Paro un rato.
c. Me voy a casa.

ESTRATEGIAS DE PERSONAL

La estrategia ... es / consiste en ...	Pues yo (no) estoy de acuerdo ...
Pienso que ... / A mi me parece que ...	Yo también/tampoco.
Según ... / En mi opinión ...	Lo que pasa / El problema es que ...
Para mí ... es indispensable.	La mejor/peor es ...

A. Tu compañero y tú trabajáis en una asesoría profesional. Un cliente quiere que le diseñéis una estrategia de gestión de personal. Explícale a tu compañero tus dos estrategias y escucha las suyas.

CARACTERÍSTICAS DEL CLIENTE

- Banco a través de Internet con sede en Barcelona y 40 empleados.
- Ha crecido muy rápido y no están claras las responsabilidades de cada uno ni la jerarquía.
- Quiere expandirse en el mercado.

Benchmarking	Inteligencia emocional
Analizar a las mejores compañías del mismo tipo. Copiar sus estrategias.	Más importantes las competencias emocionales que los conocimientos técnicos y la inteligencia. Organizar al personal según este principio.
Bueno para pequeñas empresas. Se reducen errores.	Bueno para organizaciones flexibles y poco jerarquizadas.
Problemas éticos: conseguir información de otras empresas.	Dificultad para valorar competencias emocionales.

B. Ahora, entre los dos, cread una estrategia que se adapte perfectamente a las necesidades del cliente.

ESTRATEGIAS DE PERSONAL

La estrategia ... es / consiste en ...	Pues yo (no) estoy de acuerdo ...
Pienso que... / A mí me parece que ...	Yo también/tampoco.
Según ... / En mi opinión ...	Lo que pasa / El problema es que ...
Para mí ... es indispensable.	La mejor/peor es ...

A. Tu compañero y tú trabajáis en una asesoría profesional. Un cliente quiere que le diseñéis una estrategia de gestión de personal. Explícale a tu compañero tus dos estrategias y escucha las suyas.

CARACTERÍSTICAS DEL CLIENTE

– Banco a través de Internet con sede en Barcelona y 40 empleados.
– Ha crecido muy rápido y no están claras las responsabilidades de cada uno ni la jerarquía.
– Quiere expandirse en el mercado.

Gestión por competencias

Valoración de la iniciativa de los empleados y de su capacidad para asumir riesgos, no solo de sus conocimientos.

Bueno para empresas donde los empleados pueden tomar decisiones.

Malo para empresas muy jerarquizadas, con resistencias al cambio o con actividades mecanizadas.

Cuadro de mando integral

Creación de un equipo de ejecutivos de diversas áreas. Fijación de estrategias globales de actuación. Muy importante: los objetivos tienen que llegar a los empleados. Éstos pueden hacer sugerencias. Mejorar la comunicación interna y la calidad del trabajo.

Bueno para empresas orientadas al cliente.

Indispensable la participación de toda la plantilla. Necesaria una cultura basada en la comunicación.

B. Ahora, entre los dos, cread una estrategia que se adapte perfectamente a las necesidades del cliente.

CONSEJOS

Yo hablaría con ...	Yo (no) haría ...
Yo, en tu lugar, dejaría ...	Yo que tú cambiaría de ...

A. Tu compañero y tú trabajáis como consultores laborales en un periódico. Habéis recibido el siguiente problema, pero tu compañero está de vacaciones. Escribe tú la respuesta. Después, cuando tu compañero vuelva de vacaciones, compárala con la suya.

Consultorio
laboral

Mi jefe es muy centralizador y no me da nada de auto-nomia. Interfiere en todo lo que hago; coge documen-tos de mi mesa sin preguntar, cambia cosas en mis proyectos sin decir nada y lee mis correos electrónicos sin pedir permiso. Al principio, pensé que era porque era nueva en la empresa, pero han pasado diez meses y todo sigue igual.

B. Ahora, piensa en tu auténtico trabajo y plantéale a tu compañero algún problema laboral que tengas. Después, dáselo para que escriba su consejo.

Problema

Consejo

CONSEJOS

Yo hablaría con ...	Yo (no) haría ...
Yo, en tu lugar, dejaría ...	Yo que tú cambiaría de ...

A. Tu compañero y tú trabajáis como consultores laborales en un periódico. Habéis recibido el siguiente problema, pero tú estabas de vacaciones y él escribió la respuesta. Ahora has vuelto de vacaciones y en la redacción del periódico te han dicho que se ha perdido la carta con la consulta. A partir de la respuesta de tu compañero, ¿puedes reconstruirla?

Consultorio laboral

Tener una buena relación con el jefe es fundamental para estar a gusto en el trabajo. Si esta relación no es buena es importante resolverla lo antes posible. Yo que tú hablaría con tu jefe e intentaría resolverlo mediante el diálogo. Le explicaría que necesitas más autonomía y confianza para desempeñar tu trabajo de manera efectiva. Pídele también un poco más de privacidad y autonomía. Hazle ver que coger documentos de tu mesa, cambiar cosas de tus proyectos y leer tus e-mails sin permiso afecta a tu confianza y a tu trabajo. Suerte.

B. Ahora, piensa en tu auténtico trabajo y plantéale a tu compañero algún problema laboral que tengas. Después, dáselo para que escriba su consejo.

Problema

Consejo

TURISMO

En una gran ciudad / En el campo hay ...

Odio / No soporto...

Lo que más me divierte/molesta es ...

(No) Me gusta / aburre / pone nervioso /

apasiona / interesa ...

Yo prefiero el turismo ... porque ...

Piensa en las ventajas y en los inconvenientes del turismo rural, escríbelo en las cajas y después coméntaselo a tu compañero. Tu compañero va a hacer lo mismo con el turismo urbano. ¿Qué tipo de turismo prefieres? Coméntaselo.

Alojamiento

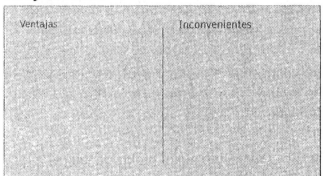

Ventajas | Inconvenientes

Cultura

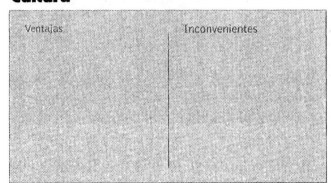

Ventajas | Inconvenientes

Comidas

Ventajas | Inconvenientes

Descanso

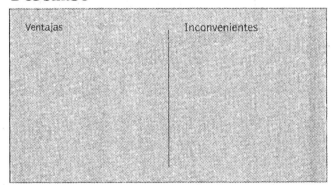

Ventajas | Inconvenientes

Compras

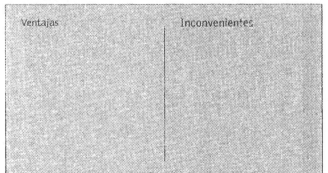

Ventajas | Inconvenientes

Ocio

Ventajas | Inconvenientes

TURISMO

En una gran ciudad / En el campo hay ...	(No) Me gusta / aburre / pone nervioso /
Odio / No soporto...	apasiona / interesa ...
Lo que más me divierte/molesta es ...	Yo prefiero el turismo ... porque ...

Piensa en las ventajas y en los inconvenientes del turismo en una gran ciudad, escríbelo en las cajas y después coméntaselo a tu compañero. Tu compañero va a hacer lo mismo con el turismo rural. ¿Qué tipo de turismo prefieres? Coméntaselo.

Alojamiento

Ventajas	Inconvenientes

Cultura

Ventajas	Inconvenientes

Comidas

Ventajas	Inconvenientes

Descanso

Ventajas	Inconvenientes

Compras

Ventajas	Inconvenientes

Ocio

Ventajas	Inconvenientes

DE VIAJE

¿Cuál es el lugar más ... que has visitado?	¿Dónde te alojaste?
¿Has estado alguna vez en ...?	El lugar más ... que he visitado es ...
¿Qué es lo que más te gustó?	Yo te recomendaría ir a ... porque ...

A. Tu compañero quiere irse de viaje pero no sabe adónde. Tú tienes que recomendarle un destino teniendo en cuenta los viajes que ha hecho y lo que le gustó, o no, de ellos. Primero, hazle las preguntas necesarias y completa la ficha.

Países visitados: _____

El más bonito: _____   El más interesante: _____

El más emocionante: _____   El país donde se come mejor: _____

El más caro: _____   Tipo de alojamiento preferido: _____

El más divertido: _____   Actividades favoritas: _____

El más aburrido: _____   Medio de transporte preferido: _____

B. ¿Cuál de estos viajes le recomendarías a tu compañero? ¿Por qué?

Cuba la magia

Conozca la inagotable magia de esta isla, su gente acogedora y vitalista, su música, sus paisajes. Diez días entre La Habana y Santiago. Alojamiento en casas particulares. Transporte local.

Portugal

Tierra de contrastes

Un viaje de ensueño para descubrir los tesoros que esconde Portugal. Tres días en Lisboa, la ciudad de las siete colinas. Un día para conocer Sintra y sus palacios y las playas de Cascais y Estoril. Tres días también para visitar el Algarve con paradas en Faro (con su muralla medieval), Lagos y Monchique. Alojamiento en hoteles y desplazamientos en tren.

AUSTRALIA
EL PARAÍSO ENCONTRADO

Un viaje único: tres semanas recorriendo la tierra de los canguros en un 4 x 4. Llegada en avión a la espectacular Uluru (Ayers Rock), tierra de los aborígenes. Salida tres días después. Destinos: Melbourne, Sydney y Perth. Alojamiento en hoteles.

DE VIAJE

¿Cuál es el lugar más ... que has visitado?	¿Dónde te alojaste?
¿Has estado alguna vez en ...?	El lugar más ... que he visitado es ...
¿Qué es lo que más te gustó?	Yo te recomendaría ir a ... porque ...

A. Tu compañero quiere irse de viaje pero no sabe adónde. Tú tienes que recomendarle un destino teniendo en cuenta los viajes que ha hecho y lo que le gustó, o no, de ellos. Primero, hazle las preguntas necesarias y completa la ficha.

Países visitados: _____

El más bonito: _____

El más emocionante: _____

El más caro: _____

El más divertido: _____

El más aburrido: _____

El más interesante: _____

El país donde se come mejor: _____

Tipo de alojamiento preferido: _____

Actividades favoritas: _____

Medio de transporte preferido: _____

B. ¿Cuál de estos viajes le recomendarías a tu compañero? ¿Por qué?

BRASIL

Descubra la belleza incomparable de Río de Janeiro, la modernidad de Brasilia, el ritmo y la gente de Salvador y las espectaculares playas de Fortaleza en un inolvidable viaje de 12 días. Alojamiento en hoteles de lujo y desplazamientos en avión (primera clase).

China

Esplendor imperial

Conozca China en 6 días.
Primera parada: Pequín (visitas a la Gran Muralla, al Templo del Cielo y a la famosa plaza de Tiananmen). De Pequín a Xian (visita de un día) y de Xian a Guilin, donde visitaremos la montaña de la Luna. Travesía en barco de Guilin a Yangshou a través del río Lijiang. Última parada: la espectacular metrópolis de Hong Kong. Incluye guía. Alojamiento en hoteles de 3 estrellas.

Tailandia

La aventura de las montañas

Una semana de **trekking** intenso en el Himalaya, tres días en Bangkok (con sus mercados flotantes y sus templos y palacios) y dos días en la isla de Phuket, conocida como "la perla del Sur". Grupo reducido: máx. 10 personas. Alojamiento en **tiendas de campaña**, excepto en Bangkok (**albergue**). Guías incluidos.

INVENTOS

Antes (la mayoría de) la gente / todo el mundo ...	Hace muchos años ...
A principios del siglo XX ...	La gente ha dejado de ... / ya no ...
	Antes se solía ...

Elige cinco de estos objetos o cosas y escribe una frase que refleje cómo estos inventos han cambiado la vida de la gente. Léeselas a tu compañero. Él tendrá que adivinar de qué invento se trata.

El coche

Internet

El frigorífico

Los zapatos

El vídeo

El papel

El fuego

El bolígrafo

El jabón

La televisión

El dinero

El tenedor

1.

2.

3.

4.

5.

INVENTOS

Antes (la mayoria de) la gente /	Hace muchos años ...
todo el mundo ...	La gente ha dejado de ... / ya no ...
A principios del siglo XX ...	Antes se solía ...

Elige cinco de estos objetos o cosas y escribe una frase que refleje cómo estos inventos han cambiado la vida de la gente. Léeselas a tu compañero. Él tendrá que adivinar de qué invento se trata.

El periódico

La tarjeta de crédito

El rascacielos

El plástico

Las gafas

La calefacción

El ordenador

El teléfono

El avión

La rueda

La aspirina

El mando a distancia

1.

2.

3.

4.

5.

NUEVOS MODELOS

Antes eran más lentos.	Antes tenían menos capacidad.
Ahora son más rápidos.	Ahora tienen más prestaciones.

A. Trabajas en una empresa que fabrica ordenadores. Vais a lanzar una nueva generación de ordenadores al mercado. Piensa en cinco características positivas que tienen los nuevos ordenadores en comparación con los anteriores. Tu compañero es un cliente. Explícale por qué los nuevos productos son mejores que los de antes.

antes

ahora

B. Tu compañero trabaja en una empresa que fabrica coches. Su empresa va a lanzar una nueva generación de automóviles al mercado. Él te va a explicar por qué los nuevos modelos son mejores que los de antes. Tú eres un cliente. Di dos inconvenientes que encuentras a los nuevos productos en comparación con los viejos.

NUEVOS MODELOS

Antes eran más lentos.

Ahora son más rápidos.

Antes tenían menos capacidad.

Ahora tienen más prestaciones.

A. Trabajas en una empresa que fabrica coches. Tu empresa va a lanzar una nueva generación de automóviles al mercado. Piensa en cinco características positivas que tienen los nuevos modelos en comparación con los anteriores. Tu compañero es un cliente. Explícale por qué los nuevos modelos son mejores que los de antes.

antes

ahora

B. Tu compañero trabaja en una empresa que fabrica ordenadores. Su empresa va a lanzar una nueva generación de ordenadores al mercado. Él te va a explicar por qué los nuevos productos son mejores que los de antes. Tú eres un cliente. Di dos inconvenientes que encuentras a los nuevos productos en comparación con los anteriores.

EVOLUCIÓN DE UNA EMPRESA

Cuando murió el propietario ...	En 2000 ...
Al poco tiempo ...	Unos años después ...

Ésta es la historia de la empresa Aceites Cano. Los dos tenéis el principio de la historia. Primero, completa la parte que no tienes y después pregúntale a tu compañero si lo que has escrito es correcto. Luego, terminad la historia entre los dos.

La empresa Aceites Cano nació hace 20 años en el corazón de Andalucía. Empezó como una pequeña empresa familiar, con solo 8 trabajadores. El propietario, José María Cano, y dos de sus hijos compraban las aceitunas a los agricultores de la zona y empezaban después el proceso de extracción del aceite en una pequeña fábrica construida cerca de la finca familiar.

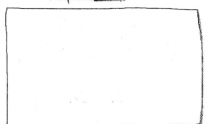

La dieta mediterránea se ponía de moda y los hermanos Cano se especializaron en la venta de aceite extra virgen, el de mejor calidad. Aprovecharon la situación para dar el salto fuera de España. Abrieron fábricas en Francia, Italia y Alemania.

Al poco tiempo se instalaron también en Estados Unidos. La empresa creció y se expandió muy rápidamente en esos años.

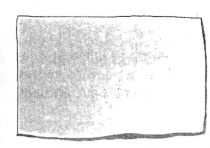

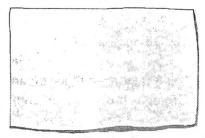

EVOLUCIÓN DE UNA EMPRESA

Cuando murió el propietario ...	En 2000 ...
Al poco tiempo ...	Unos años después ...

Ésta es la historia de la empresa Aceites Cano. Los dos tenéis el principio de la historia. Primero, completa la parte que no tienes y después pregúntale a tu compañero si lo que has escrito es correcto. Luego, terminad la historia entre los dos.

La empresa Aceites Cano nació hace 20 años en el corazón de Andalucía. Empezó como una pequeña empresa familiar, con solo 8 trabajadores. El propietario, José María Cano, y dos de sus hijos compraban las aceitunas a los agricultores de la zona y empezaban después el proceso de extracción del aceite en una pequeña fábrica construida cerca de la finca familiar.

El dueño de Aceites Cano murió en 1999, a los 53 años de edad, tras una larga enfermedad.

Sus herederos se hicieron cargo de la empresa. Durante varios años invirtieron las ganancias en modernizar la fábrica.

Al cabo de un par de años, empezaron a expandir el negocio familiar. En aquella época abrieron tres nuevas fábricas en Andalucía.

DIFERENCIAS CULTURALES

En ... se habla/n un/dos/... idioma/s.

La mayoría de la gente es de raza blanca/ negra/...

En ... (casi) todo el mundo ...

Muchos / Algunos / Casi nadie ...

En ... mientras que en ...

A. Elige un país extranjero que conozcas bien y completa el cuadro.

PAÍS: _____

Información general

Idioma/s hablado/s: _____

Religión mayoritaria: _____

Razas y etnias: _____

Sociedad

Calidad de vida: _____

Actividades culturales preferidas: _____

Destinos turísticos más habituales: _____

Deporte más popular: _____

Preferencias musicales: _____

Trabajo

Horario laboral: _____

Forma de vestir: _____

Trato entre compañeros: _____

B. Ahora comenta con tu compañero las diferencias entre el país que tú has elegido y el que ha elegido él.

DIFERENCIAS CULTURALES

En ... se habla/n un/dos/... idioma/s.	En ... (casi) todo el mundo ...
La mayoría de la gente es de raza blanca/	Muchos / Algunos / Casi nadie ...
negra/...	En ... mientras que en ...

A. Elige un país extranjero que conozcas bien y completa el cuadro.

PAÍS: _____

Información general

Idioma/s hablado/s: ....

Religión mayoritaria: ....

Razas y etnias: ....

....

Sociedad

Calidad de vida: ....

Actividades culturales preferidas: ....

Destinos turísticos más habituales: ....

Deporte más popular: ....

Preferencias musicales: ....

Trabajo

Horario laboral: ....

Forma de vestir: ....

Trato entre compañeros: ....

B. Ahora comenta con tu compañero las diferencias entre el país que tú has elegido y el que ha elegido él.

SALUD Y ORDENADORES

¿Qué te duele? / ¿Qué te pasa?

Me duele la espalda.

Tengo los ojos irritados.

Haz estiramientos.

Pon el monitor más alto.

Acerca la silla a la mesa.

A. ¿Pasas muchas horas delante del ordenador? Marca con una cruz si tienes o si has tenido alguna de estas molestias.

- Dolor de cabeza
- Dolor de cuello
- Ojos irritados

- Dolor de espalda
- Dolor de hombros
- Molestias en las muñecas

- Temblor en los dedos
- Dolor en el brazo
- Tensión en general

B. Explícale a tu compañero las molestias que tienes o que has tenido. Él te recomendará algunos ejercicios.

C. Ahora, tu compañero te dirá qué molestias tiene él. Mira en el gráfico cuál es la postura ideal frente al ordenador y explícale cómo tiene que sentarse.

El monitor debe estar a una distancia no inferior a los 16 cm ni superior a los 28 cm de los ojos.

La parte superior del monitor debe estar a la altura de los ojos.

Mirar el monitor con la cabeza derecha y el mentón hacia dentro.

Tener las manos a la altura del codo, sin apoyar los brazos, y manteniendo los hombros relajados.

Apoyar la espalda en la silla.

Doblar las rodillas en un ángulo de 90°.

Doblar las caderas en un ángulo de 90° o mayor.

Apoyar los pies en el suelo.

SALUD Y ORDENADORES

¿Qué te duele? / ¿Qué te pasa?

Me duele la espalda.

Tengo los ojos irritados.

Haz estiramientos.

Pon el monitor más alto.

Acerca la silla a la mesa.

A. ¿Pasas muchas horas delante del ordenador? Marca con una cruz si tienes o si has tenido alguna de estas molestias.

- ❑ Dolor de cabeza
- ❑ Dolor de cuello
- ❑ Ojos irritados

- ❑ Dolor de espalda
- ❑ Dolor de hombros
- ❑ Molestias en las muñecas

- ❑ Temblor en los dedos
- ❑ Dolor en el brazo
- ❑ Tensión en general

B. Tu compañero te dirá qué molestias tiene o ha tenido. Lee estos textos y recomiéndale algún ejercicio.

Ojos

- Cerrar los ojos fuertemente durante un segundo y luego abrirlos bien. Repetir varias veces.
- Fijar por un momento la vista en un objeto que se encuentre a cinco metros de distancia.

Espalda y cintura

- Con las manos sobre la cintura y los pies separados uno de otro a una distancia equivalente a los hombros, llevar las caderas lentamente hacia delante y los hombros un poco hacia atrás. Mantener la postura entre 5 y 10 segundos.

Cuello

- Girar la cabeza lentamente hacia un lado y permanecer así durante 10 segundos. Girar la cabeza hacia el otro lado y mantener. Repetir varias veces.
- Llevar lentamente la cabeza hacia un lado y permanecer así unos 10 segundos. Repetir varias veces.

Manos

- Extender y separar bien los dedos durante 10 segundos y luego cerrar el puño por diez segundos. Repetir varias veces.
- Juntar las manos y subirlas a la altura del mentón, con los dedos extendidos y separados.
- Bajar las manos lentamente y separarlas. Repetir varias veces.

Hombros

- Llevar los hombros hacia delante haciendo un movimiento circular. Luego hacer el mismo movimiento en sentido opuesto.

C. Ahora explícale a tu compañero qué molestias tienes tú. Él te explicará cómo tienes que sentarte frente al ordenador.

PLANES Y SUEÑOS

Cuando consiga dinero, abriré una tienda.   Y cuando vea que la competencia

Cuando tenga beneficios, abriré dos más.   aumenta, lo venderé todo.

A. ¿Conoces "El cuento de la lechera"? Léelo y completa las frases que faltan. Luego, compara tu versión con la de tu compañero.

El cuento de la lechera

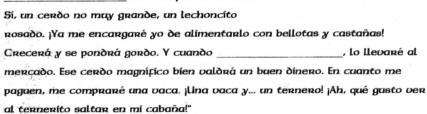

Una lechera iba caminando feliz hacia el mercado con un cántaro de leche sobre su cabeza. A medida que se iba acercando al pueblo, su dicha aumentaba. ¿Por qué? Porque la lechera caminaba acompañada por sus pensamientos y en su mente imaginaba un hermoso futuro.

"Sí -pensaba-. Cuando llegue al mercado encontraré enseguida comprador para esta riquísima leche. Y ha de pagármela a buen precio, que bien lo vale. En cuanto _____, allí mismo compraré un canasto de huevos. Lo llevaré a mi cabaña y de ese montón de huevos, lograré sacar, ya hacia el verano, cien pollos por lo menos. Una vez que tenga mis cien pollos, volveré al mercado. Y cuando _____, me compraré un cerdo. Sí, un cerdo no muy grande, un lechoncito rosado. ¡Ya me encargaré yo de alimentarlo con bellotas y castañas! Crecerá y se pondrá gordo. Y cuando _____, lo llevaré al mercado. Ese cerdo magnífico bien valdrá un buen dinero. En cuanto me paguen, me compraré una vaca. ¡Una vaca y... un ternero! ¡Ah, qué gusto ver al ternerito saltar en mi cabaña!"

Y al imaginarse esto, rió alegremente a tiempo que daba un salto. ¡Ay, cuánta desdicha siguió a su alegría! Al dar el salto, cayó de su cabeza el cántaro y se rompió en mil pedazos. La pobre lechera miró desolada cómo la tierra tragaba la leche. Ya no habría pollos, ni cerdo, ni vaca, ni ternero. Todas sus ilusiones se habían perdido para siempre, junto con el cántaro roto y la leche derramada por el camino.

(texto adaptado de la fábula de J.M. Samaniego)

B. Ahora, tú eres el comerciante. Elige un tipo de establecimiento (una librería, una tienda de ropa, un estanco, una verdulería, etc.) y, siguiendo la estructura del texto, piensa en cómo desarrollarías tu negocio. Cuéntaselo a tu compañero. Él tendrá que decidir si eres realista o si te pareces a la lechera del cuento.

PLANES Y SUEÑOS

Cuando consiga dinero, abriré una tienda.   Y cuando vea que la competencia
Cuando tenga beneficios, abriré dos más.   aumenta, lo venderé todo.

A. ¿Conoces "El cuento de la lechera"? Léelo y completa las frases que faltan. Luego, compara tu versión con la de tu compañero.

El cuento de la lechera

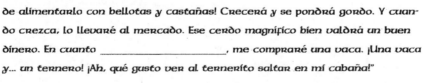

Una lechera iba caminando feliz hacia el mercado con un cántaro de leche sobre su cabeza. A medida que se iba acercando al pueblo, su dicha aumentaba. ¿Por qué? Porque la lechera caminaba acompañada por sus pensamientos y en su mente imaginaba un hermoso futuro.

"Sí -pensaba-. Cuando _____, encontraré enseguida comprador para esta riquísima leche. Y ha de pagármela a buen precio, que bien lo vale. En cuanto me pague, allí mismo compraré un canasto de huevos. Lo llevaré a mi cabaña y de ese montón de huevos, lograré sacar, ya hacia el verano, cien pollos por lo menos. Una vez que _____, volveré al mercado. Y cuando los venda, me compraré un cerdo. Sí, un cerdo no muy grande, un lechoncito rosado. ¡Ya me encargaré yo de alimentarlo con bellotas y castañas! Crecerá y se pondrá gordo. Y cuando crezca, lo llevaré al mercado. Ese cerdo magnífico bien valdrá un buen dinero. En cuanto _____, me compraré una vaca. ¡Una vaca y... un ternero! ¡Ah, qué gusto ver al ternerito saltar en mi cabaña!"

Y al imaginarse esto, rió alegremente a tiempo que daba un salto. ¡Ay, cuánta desdicha siguió a su alegría! Al dar el salto, cayó de su cabeza el cántaro y se rompió en mil pedazos. La pobre lechera miró desolada cómo la tierra tragaba la leche. Ya no habría pollos, ni cerdo, ni vaca, ni ternero. Todas sus ilusiones se habían perdido para siempre, junto con el cántaro roto y la leche derramada por el camino.

(texto adaptado de la fábula de J.M. Samaniego)

B. Ahora, tú eres el comerciante. Elige un tipo de establecimiento (una librería, una tienda de ropa, un estanco, una verdulería, etc.) y, siguiendo la estructura del texto, piensa en cómo desarrollarías tu negocio. Cuéntaselo a tu compañero. Él tendrá que decidir si eres realista o si te pareces a la lechera del cuento.

PREVISIONES

> Yo creo que los bancos tendrán ...
>
> Las tabacaleras no serán ... porque ...
>
> Pues yo no estoy de acuerdo, porque
> habrá ...

A. ¿Qué cosas crees que cambiarán dentro de diez años? Lee el siguiente test y señala la opción con la que estés más de acuerdo.

Dentro de 10 años...

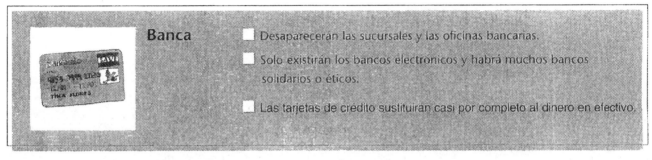

Banca
- ☐ Desaparecerán las sucursales y las oficinas bancarias.
- ☐ Solo existirán los bancos electrónicos y habrá muchos bancos solidarios o éticos.
- ☐ Las tarjetas de crédito sustituirán casi por completo al dinero en efectivo.

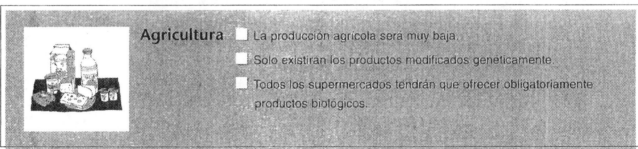

Agricultura
- ☐ La producción agrícola será muy baja.
- ☐ Solo existirán los productos modificados genéticamente.
- ☐ Todos los supermercados tendrán que ofrecer obligatoriamente productos biológicos.

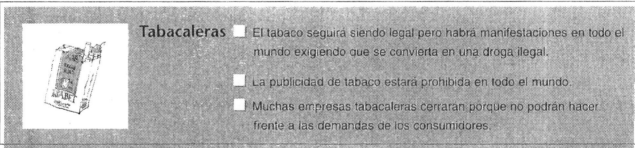

Tabacaleras
- ☐ El tabaco seguirá siendo legal pero habrá manifestaciones en todo el mundo exigiendo que se convierta en una droga ilegal.
- ☐ La publicidad de tabaco estará prohibida en todo el mundo.
- ☐ Muchas empresas tabacaleras cerrarán porque no podrán hacer frente a las demandas de los consumidores.

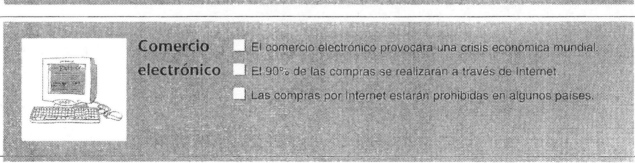

Comercio electrónico
- ☐ El comercio electrónico provocará una crisis económica mundial.
- ☐ El 90% de las compras se realizarán a través de Internet.
- ☐ Las compras por Internet estarán prohibidas en algunos países.

B. Comenta con tu compañero tus opiniones sobre estos temas. Él te dirá si está de acuerdo contigo o no.

PREVISIONES

Yo creo que los bancos tendrán ...

Las tabacaleras no serán ... porque ...

Pues yo no estoy de acuerdo, porque

habrá ...

A. ¿Qué cosas crees que cambiarán dentro de diez años? Lee el siguiente test y señala la opción con la que estés más de acuerdo.

Dentro de 10 años...

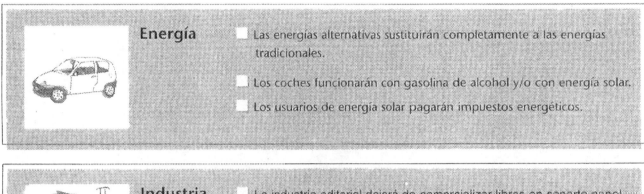

Energía

- [ ] Las energías alternativas sustituirán completamente a las energías tradicionales.
- [ ] Los coches funcionarán con gasolina de alcohol y/o con energía solar.
- [ ] Los usuarios de energía solar pagarán impuestos energéticos.

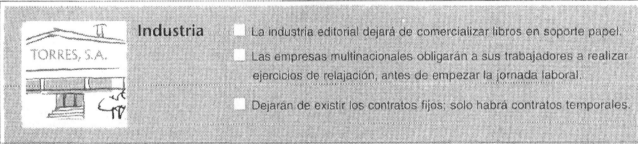

Industria

- [ ] La industria editorial dejará de comercializar libros en soporte papel.
- [ ] Las empresas multinacionales obligarán a sus trabajadores a realizar ejercicios de relajación, antes de empezar la jornada laboral.
- [ ] Dejarán de existir los contratos fijos; solo habrá contratos temporales.

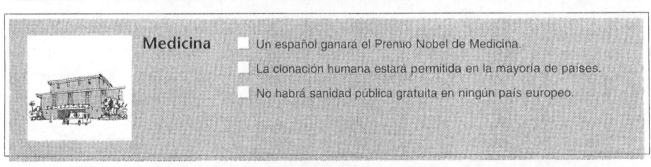

Medicina

- [ ] Un español ganará el Premio Nobel de Medicina.
- [ ] La clonación humana estará permitida en la mayoría de países.
- [ ] No habrá sanidad pública gratuita en ningún país europeo.

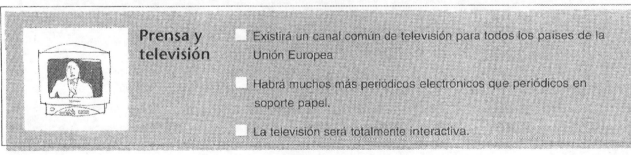

Prensa y televisión

- [ ] Existirá un canal común de televisión para todos los países de la Unión Europea
- [ ] Habrá muchos más periódicos electrónicos que periódicos en soporte papel.
- [ ] La televisión será totalmente interactiva.

B. Comenta con tu compañero tus opiniones sobre estos temas. Él te dirá si está de acuerdo contigo o no.

ANÉCDOTAS

Estaba esperando a ... cuando ...

Empezó a sonar la alarma y ...

Se habían equivocado ...

Alguien había ...

A. Aquí tienes una historia curiosa. Fíjate en las ilustraciones y completa los dos primeros cuadros. Para completar el tercer cuadro, pregúntale a tu compañero.

SITUACIÓN

¿Dónde estaban? ¿Por qué? ¿Qué hacían?

Luis y Lucía estaban...

ACONTECIMIENTOS

¿Qué pasó?

Llegaron los clientes y empezaron a hablar pero...

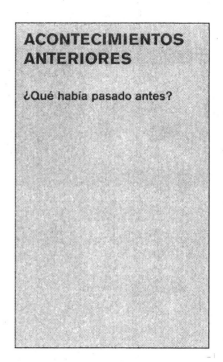

ACONTECIMIENTOS ANTERIORES

¿Qué había pasado antes?

B. Aquí tienes una historia curiosa. Fíjate en la ilustración del tercer recuadro y explícale a tu compañero qué había pasado antes.

SITUACIÓN

¿Dónde estaba? ¿Por qué? ¿Qué hacía?

Matilda estaba escribiendo un informe en su despacho cuando...

ACONTECIMIENTOS

¿Qué pasó?

... de repente empezó a sonar la alarma de incendios. Evacuaron rápidamente el edificio y llegaron los bomberos.

ACONTECIMIENTOS ANTERIORES

¿Qué había pasado antes?

ANÉCDOTAS

Estaba esperando a ... cuando ...

Empezó a sonar la alarma y ...

Se habían equivocado ...

Alguien había ...

A. Aquí tienes una historia curiosa. Fíjate en la ilustración del tercer recuadro y explícale a tu compañero qué había pasado antes.

SITUACIÓN

¿Dónde estaban? ¿Por qué? ¿Qué hacían?

Luis y Lucía estaban esperando a sus respectivos clientes en un restaurante porque tenían que discutir unos asuntos importantes.

ACONTECIMIENTOS

¿Qué pasó?

Llegaron los clientes y empezaron a hablar, pero pronto se dieron cuenta de que estaban hablando de cosas diferentes.

ACONTECIMIENTOS ANTERIORES

¿Qué había pasado antes?

B. Aquí tienes otra historia curiosa. Fíjate ahora en las ilustraciones y completa los dos primeros cuadros. Para completar el tercer cuadro, pregúntale a tu compañero.

SITUACIÓN

¿Dónde estaba? ¿Por qué? ¿Qué hacía?

Matilda estaba...

ACONTECIMIENTOS

¿Qué pasó?

... de repente...

ACONTECIMIENTOS ANTERIORES

¿Qué había pasado antes?

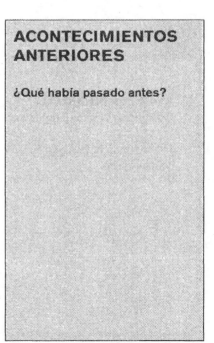

BOLETÍN DE NOTICIAS

Este mes hemos asistido a ...	Por una parte ... Y por otra ...
El día 9 acabó la Feria. Fue ...	Así pues ... / Así que ...
Del 11 al 14 se celebró ...	Por último, cabe señalar que ...

A. Tú y tu compañero trabajáis en el Departamento de Comunicación de una multinacional y cada mes enviáis por e-mail un boletín interno de noticias. Mira el tablón que está colgado al lado de tu despacho, explícale lo que ha pasado durante este mes y toma notas de lo que él te comenta.

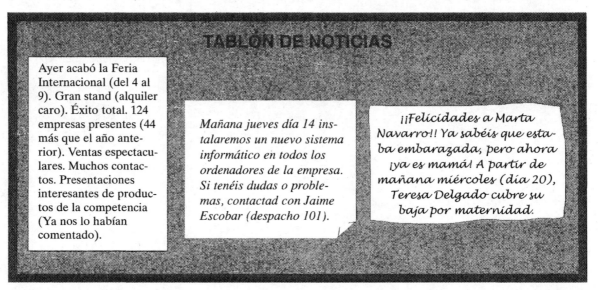

TABLÓN DE NOTICIAS

Ayer acabó la Feria Internacional (del 4 al 9). Gran stand (alquiler caro). Éxito total. 124 empresas presentes (44 más que el año anterior). Ventas espectaculares. Muchos contactos. Presentaciones interesantes de productos de la competencia (Ya nos lo habían comentado).

Mañana jueves día 14 instalaremos un nuevo sistema informático en todos los ordenadores de la empresa. Si tenéis dudas o problemas, contactad con Jaime Escobar (despacho 101).

¡¡Felicidades a Marta Navarro!! Ya sabéis que estaba embarazada, pero ahora ¡ya es mamá! A partir de mañana miércoles (día 20), Teresa Delgado cubre su baja por maternidad.

B. Ahora, escribe el boletín con la información que tienes y con la que te ha dado tu compañero.

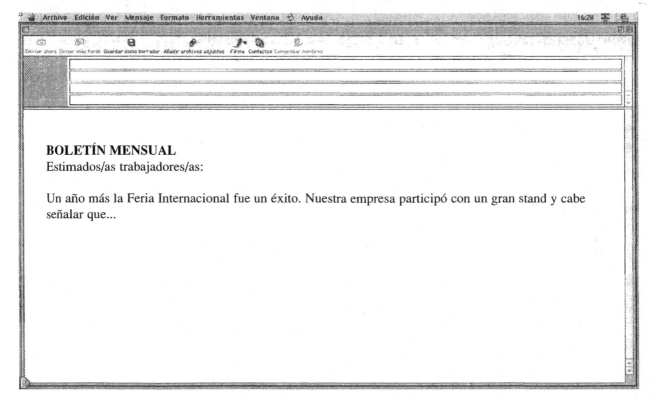

Archivo   Edición   Ver   Mensaje   Formato   Herramientas   Ventana   Ayuda   16:28

Enviar ahora   Enviar más tarde   Guardar como borrador   Añadir archivos adjuntos   Firma   Contactos   Comprobar nombres

BOLETÍN MENSUAL
Estimados/as trabajadores/as:

Un año más la Feria Internacional fue un éxito. Nuestra empresa participó con un gran stand y cabe señalar que...

BOLETÍN DE NOTICIAS

Este mes hemos asistido a ...	Por una parte ... Y por otra ...
El día 9 acabó la Feria. Fue ...	Así pues ... / Así que ...
Del 11 al 14 se celebró ...	Por último, cabe señalar que ...

A. Tú y tu compañero trabajáis en el Departamento de Comunicación de una multinacional y cada mes enviáis por e-mail un boletín interno de noticias. Mira el tablón que está colgado al lado de tu despacho, explícale lo que ha pasado durante este mes y toma notas de lo que él te comenta.

TABLÓN DE NOTICIAS

Mañana martes día 26 empieza el seminario sobre nuevas tecnologías. Ya sabéis que dura dos días y que vuestra presencia es obligatoria.

Éxito moderado de nuestra empresa en la tercera edición del Salón Empresarial (celebrado del 11 al 14 de este mes). Ningún stand (a diferencia del año anterior). Presentación de tres de nuestras novedades. Poca asistencia de público, pero mucho interés por parte de los asistentes.

Laura Tomillo es desde hoy la nueva subdirectora de Marketing de la empresa. Marta Vega, la anterior subdirectora, se ha trasladado a nuestras oficinas de Londres.

B. Ahora, escribe el boletín con la información que tienes y con la que te ha dado tu compañero.

Archivo Edición Ver Mensaje Formato Herramientas Ventana Ayuda   16:28

Enviar ahora Enviar más tarde Guardar como borrador Añadir archivos adjuntos Firma Contactos Comprobar nombres

BOLETÍN MENSUAL
Estimados/as trabajadores/as:

Un año más estuvimos presentes en el Salón Empresarial. Nuestra empresa no participó con un stand, pero...

ANUNCIOS DE TRABAJO

¿Cuando terminó sus estudios?	Hace 4 años empecé a trabajar en ...
¿Cuando empezó a trabajar en ...?	Desde ... hasta ..., estuve en ...
¿Había trabajado ya antes en ...?	Además, hablo inglés/francés/ruso/...

Te vas a presentar a una entrevista para este trabajo. Prepara el currículum que te vas a llevar a la entrevista. Tu compañero es el entrevistador. Responde a sus preguntas. ¿Cómo ha ido la entrevista? ¿Crees que te van a contratar?

CURRÍCULUM VITAE

EQUIPO PETROQUIMICO

busca

Director Comercial

para Latinoamérica

Se requiere:	- Conocimiento del sector.
	- Edad: entre 25 y 45 años.
	- Capacidad de relacionarse a alto nivel.
	- Disponibilidad para viajar.
Ofrecemos:	- Posibilidades de promoción.
	- Retribución a convenir.

Enviar CV al Apartado de Correos 90.876, 08098 Barcelona.

Datos personales

Estudios

Idiomas

Experiencia laboral

Otros

ANUNCIOS DE TRABAJO

¿Cuando terminó sus estudios?	Hace 4 años empecé a trabajar en ...
¿Cuando empezó a trabajar en ...?	Desde ... hasta ..., estuve en ...
¿Había trabajado ya antes en ...?	Además, hablo inglés/francés/ruso/...

Trabajas en el Departamento de Recursos Humanos de la empresa Equipo Petroquímico y tienes que entrevistar a tu compañero para el puesto de trabajo del anuncio. Prepara una lista de preguntas que consideres necesarias. Ten en cuenta lo que se pide en el anuncio y los otros requisitos que aparecen después. ¿Vas a contratarle?

Nombre

_____

EQUIPO PETROQUIMICO

busca

Director Comercial

para Latinoamérica

Se requiere:
- Conocimiento del sector.
- Edad: entre 25 y 45 años.
- Capacidad de relacionarse a alto nivel.
- Disponibilidad para viajar.

Ofrecemos:
- Posibilidades de promoción.
- Retribución a convenir.

Enviar CV al Apartado de Correos 90.876, 08098 Barcelona.

Conocimiento de la realidad social
y económica de Latinoamérica

_____

_____

_____

Alto nivel de portugués

_____

_____

Conocimiento del sector petroquímico en Latinoamérica

_____

_____

_____

Salario no superior a 30.000 euros anuales

_____

_____

Experiencia de 2 años como mínimo en un cargo similar.

_____

_____

☐ APTO   ☐ NO APTO

LA PÁGINA WEB

En la parte superior está/hay ...	A la izquierda/derecha ...
En el centro / Arriba / Abajo / Al lado ...	En el margen izquierdo/derecho ...
Encima/Debajo ...	Queremos que la página tenga ...

A. La empresa Creart le ha presentado a Bicicletas Aguilar dos propuestas de diseño de su página web. Con tu compañero, comparad las dos versiones. Cada uno tiene que describir su diseño detalladamente. Al final vais a decidir cuál os gusta más.

B. Ahora tenéis que escribir un e-mail al director de Creart explicando cuál de las dos versiones os ha gustado más y proponiendo modificaciones o sugerencias del diseño.

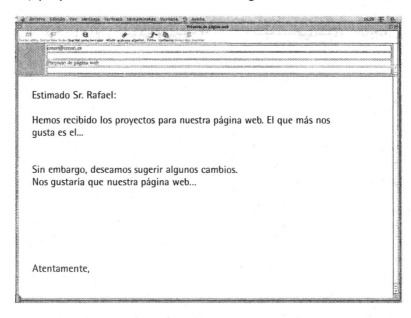

LA PÁGINA WEB

En la parte superior está/hay ...

A la izquierda/derecha ...

En el centro / Arriba / Abajo / Al lado ...

En el margen izquierdo/derecho ...

Encima/Debajo ...

Queremos que la página tenga ...

A. La empresa Creart le ha presentado a Bicicletas Aguilar dos propuestas de diseño de su página web. Con tu compañero, comparad las dos versiones. Cada uno tiene que describir su diseño detalladamente. Al final vais a decidir cuál os gusta más.

B. Ahora tenéis que escribir un e-mail al director de Creart explicando cuál de las dos versiones os ha gustado más y proponiendo modificaciones o sugerencias del diseño.

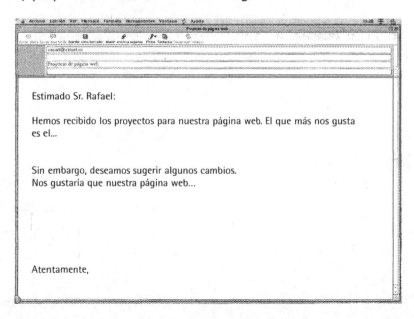

CUESTIONARIOS

Desde hace un mes / un año ...

Uso Internet desde que ...

Hace un año / mucho tiempo que ...

Te recomiendo/sugiero que ...

A. ¿Es tu compañero un adicto a Internet? Para descubrirlo, vas a formularle una serie de preguntas. Toma nota de sus respuestas.

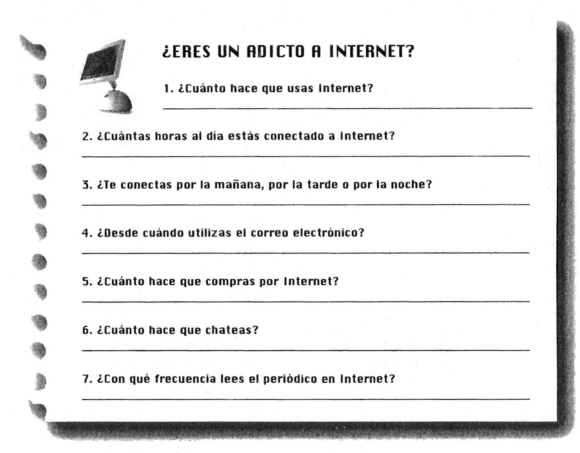

¿ERES UN ADICTO A INTERNET?

1. **¿Cuánto hace que usas Internet?**

2. **¿Cuántas horas al día estás conectado a Internet?**

3. **¿Te conectas por la mañana, por la tarde o por la noche?**

4. **¿Desde cuándo utilizas el correo electrónico?**

5. **¿Cuánto hace que compras por Internet?**

6. **¿Cuánto hace que chateas?**

7. **¿Con qué frecuencia lees el periódico en Internet?**

B. Teniendo en cuenta las respuestas de tu compañero, ¿cuál de estos proveedores de Internet le recomendarías? ¿Por qué?

Tutiline

La conexión es totalmente gratuita y se paga solo lo que se consume. Las conexiones se facturan como una llamada local o metropolitana: 0,70 euros/hora en horario de tarifa reducida (de 21:00 a 9:00) y 1,5 euros/hora en horario de tarifa normal (de 9:00 a 21:00).

cielo

Ofrece una tarifa plana con conexión gratuita por las noches y durante los fines de semana. Se puede acceder desde cualquier teléfono. **Precio/mes: 16 €**

CUESTIONARIOS

Desde hace un mes / un año ...	Uso Internet desde que ...
Hace un año / mucho tiempo que ...	Te recomiendo/sugiero que ...

A. ¿Es tu compañero un adicto a Internet? Para descubrirlo, vas a formularle una serie de preguntas. Toma nota de sus respuestas.

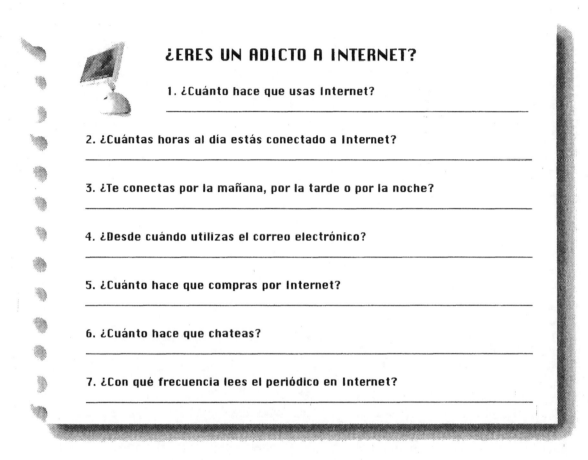

¿ERES UN ADICTO A INTERNET?

1. ¿Cuánto hace que usas Internet?
_____

2. ¿Cuántas horas al día estás conectado a Internet?
_____

3. ¿Te conectas por la mañana, por la tarde o por la noche?
_____

4. ¿Desde cuándo utilizas el correo electrónico?
_____

5. ¿Cuánto hace que compras por Internet?
_____

6. ¿Cuánto hace que chateas?
_____

7. ¿Con qué frecuencia lees el periódico en Internet?
_____

B. Teniendo en cuenta las respuestas de tu compañero, ¿cuál de estos proveedores de Internet le recomendarías? ¿Por qué?

Wanayoo

Wanayoo: La tarifa plana básica incluye la conexión gratuita por las noches y durante los fines de semana a un precio de 15 €/mes.

Además, ofrecemos cinco cuentas de correo y 15 Mb para páginas personales.

Jezztul

Ofrece un paquete sin restricciones horarias por **60 €/mes** y **75€/mes** por la **alta del servicio y la instalación.** Incluye dos buzones de correo y **10 Mb** para páginas personales.

SUGERENCIAS

Prefiero que ...	Les rogamos que ...
Necesitamos que ...	Es fundamental que ...

A. Tu compañero y tú trabajáis en una productora de cine y estáis organizando la fiesta de Navidad de la empresa. Tened en cuenta que van a ir 120 personas y que tenéis un presupuesto máximo de 50 euros por cubierto. Cada uno de vosotros tiene un anuncio de un restaurante. Comparad la información y elegid uno de ellos.

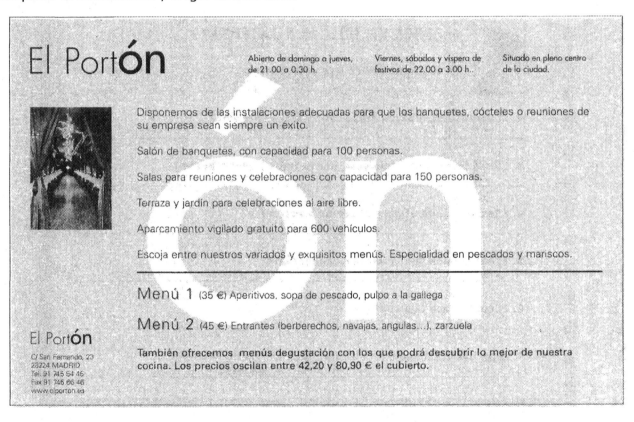

El Portón

Abierto de domingo a jueves, de 21.00 a 0.30 h.

Viernes, sábados y víspera de festivos de 22.00 a 3.00 h.

Situado en pleno centro de la ciudad.

Disponemos de las instalaciones adecuadas para que los banquetes, cócteles o reuniones de su empresa sean siempre un éxito.

Salón de banquetes, con capacidad para 100 personas.

Salas para reuniones y celebraciones con capacidad para 150 personas.

Terraza y jardín para celebraciones al aire libre.

Aparcamiento vigilado gratuito para 600 vehículos.

Escoja entre nuestros variados y exquisitos menús. Especialidad en pescados y mariscos.

Menú 1 (35 €) Aperitivos, sopa de pescado, pulpo a la gallega

Menú 2 (45 €) Entrantes (berberechos, navajas, angulas...), zarzuela

También ofrecemos menús degustación con los que podrá descubrir lo mejor de nuestra cocina. Los precios oscilan entre 42,20 y 80,90 € el cubierto.

El Portón
C/ San Fernando, 23
28224 MADRID
Tel. 91 745 54 46
Fax 91 745 66 46
www.elporton.es

B. Ahora escribid un correo electrónico al lugar que habéis elegido solicitando los servicios y cambios que necesitéis y explicando vuestras preferencias.

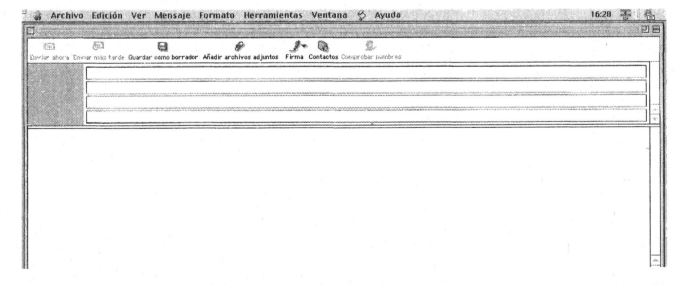

SUGERENCIAS

Prefiero que ...

Necesitamos que ...

Les rogamos que ...

Es fundamental que ...

A. Tu compañero y tú trabajáis en una productora de cine y estáis organizando la fiesta de Navidad de la empresa. Tened en cuenta que van a ir 120 personas y que tenéis un presupuesto máximo de 50 euros por cubierto. Cada uno de vosotros tiene un anuncio de un restaurante. Comparad la información y elegid uno de ellos.

LA CABAÑA
BODEGA DE 1888   Ctra. de Palencia, 88

Disponemos de tres magníficos salones ubicados en una antigua bodega del siglo pasado. Los tres salones, en los que se pueden degustar nuestros maravillosos entrantes, tienen una capacidad para 130 personas.

Estamos en un lugar cómodo y elegante, a 15 km del centro de la ciudad, ideal para celebrar sus comidas de empresa, reuniones familiares, congresos, convenciones...

El precio de los menús oscila entre 30 y 42 euros por persona. Disponemos de una gran variedad de postres caseros y de una extensa bodega, con los mejores vinos de La Rioja, Navarra y la Toscana (Italia).

Menú 1 (30 €)
Entrantes, canelones de pato con salsa de manzana y ciruelas, rabo de toro

Menú 2 (36 €)
Entrantes, pochas, chuletón de buey

Menú 3 (42 €)
Entrantes, sopa de langosta, bacalao al pil-pil

Organizamos actuaciones en directo para sus celebraciones.

Abierto todos los días de 20.00 a 1.30 horas.

B. Ahora escribid un correo electrónico al lugar que habéis elegido solicitando los servicios y cambios que necesitéis y explicando vuestras preferencias.

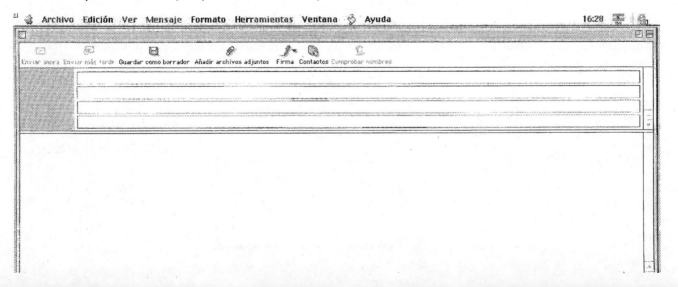

Archivo Edición Ver Mensaje Formato Herramientas Ventana Ayuda   16:28

Enviar ahora Enviar más tarde Guardar como borrador Añadir archivos adjuntos Firma Contactos Comprobar nombres

EL BUEN EMPRESARIO

Es imprescindible que un empresario ...	La cualidad que me falta es ...
Yo creo que tengo que mejorar ...	Tendría que hacer un curso que ...

A. ¿Qué cualidades crees que debe tener un buen empresario? Pon cada una de ellas en el lugar adecuado según tus preferencias. Después, compara tu lista con la de tu compañero e intentad llegar a una única solución.

1	Es imprescindible que

2	Es fundamental que

3	Es muy importante que

4	Es importante que

5	No es fundamental que

6	No es muy importante que

7	No es importante que

Cualidades del empresario

A. Saber economía; B. No cometer errores; C. Tener buenas ideas; D. Conocer el mercado; E. Ser autoritario; F. Tener más de 10 años de experiencia en el sector; G. Saber hablar ruso.

B. Tú y tu compañero sois empresarios. ¿Cuáles de las anteriores cualidades crees que no tienes? Para mejorar tus aptitudes, quieres hacer un curso. ¿Cuál de éstos harías? ¿Por qué? Explícaselo a tu compañero.

Creatividad empresarial

24-29 julio

Inteligencia emocional

16-21 julio

Ruso para principiantes

2-30 julio

Dirección y presentación de proyectos

5-12 febrero

EL BUEN EMPRESARIO

Es imprescindible que un empresario ...   La cualidad que me falta es ...

Yo creo que tengo que mejorar ...   Tendría que hacer un curso que ...

A. ¿Qué cualidades crees que debe tener un buen empresario? Pon cada una de ellas en el lugar adecuado según tus preferencias. Después, compara tu lista con la de tu compañero e intentad llegar a una única solución.

1	Es imprescindible que
2	Es fundamental que
3	Es muy importante que
4	Es importante que
5	No es fundamental que
6	No es muy importante que
7	No es importante que

Cualidades del empresario

A. Saber economía; B. No cometer errores; C. Tener buenas ideas; D. Conocer el mercado; E. Ser autoritario; F. Tener más de 10 años de experiencia en el sector; G. Saber hablar ruso.

B. Tú y tu compañero sois empresarios. ¿Cuáles de las anteriores cualidades crees que no tienes? Para mejorar tus aptitudes, quieres hacer un curso. ¿Cuál de éstos harías? ¿Por qué? Explícaselo a tu compañero.

El pasado y el futuro
de la pequeña y la mediana empresa

24-29 julio

Psicología empresarial
2–16 abril

Ruso
orientado al mundo del trabajo
1 octubre–30 noviembre

Técnicas para la comprensión del mercado:

marketing y publicidad

26-31 julio

CARTAS COMERCIALES

Estimado/a ... / Muy señores míos:	En cuanto a ...
Les rogamos que ...	Les garantizo que ...
Les agradecería que ...	Asimismo, ...

A. Eres el tesorero de Kova, una editorial especializada en la publicación de manuales de lenguas eslavas. La escuela Baltic House os debe 500 euros en concepto de material. Como son buenos clientes, no quieres presionarlos mucho, pero tu jefe te ha pedido que les escribas una carta reclamando el pago.

Escuela Baltic House
Vía Augusta, 985
08003 Barcelona

Madrid,   de   de

KOVA

Lenguas Eslavas
C/ Princesa, 225
28004 Madrid

B. Después de leer la carta de tu compañero, reuníos para llegar a una buena solución para los dos.

CARTAS COMERCIALES

Estimado/a ... / Muy señores míos:	En cuanto a ...
Les rogamos que ...	Les garantizo que ...
Les agradecería que ...	Asimismo, ...

A. Trabajas en el Departamento de Compras de la escuela Baltic House. Debes 500 euros a la editorial Kova en concepto de material didáctico. Actualmente tenéis problemas de liquidez y tu jefe te ha pedido que les escribas una carta pidiendo una demora en el pago.

eBh Escuela Baltic House
Via Augusta, 985
08003 Barcelona

KOVA
Lenguas Eslavas
C/ Princesa, 225
28004 Madrid

Asunto:

Barcelona, de de

B. Después de leer la carta de tu compañero, reuníos para llegar a una buena solución para los dos.

NEGOCIACIONES

Propongo que ...	¿Y si ...?
Tenga en cuenta que ...	Le garantizo que ...

A. Trabajas en Socios School, una escuela de idiomas especializada en clases para ejecutivos. Tu compañero trabaja en el Departamento de Formación de SAAP, una empresa que necesita clases de varios idiomas para sus empleados. Teniendo en cuenta la siguiente información, negocia un acuerdo con tu compañero e intenta conseguir las mejores condiciones para tu empresa.

SOCIOS SCHOOL CURSOS

Gra Vía, 245
28024 Madrid
Tel. 91 747 52 74
Fax 91 747 52 74

Pelayo, 17
08012 Barcelona
Tel. 93 747 52 74
Fax 93 747 52 74

www.socioschool.es

Clases individuales

Extensivos (12 semanas)

Duración del curso: 40 horas
Duración mínima por clase: 90 min.

Precio: inglés, francés, español e italiano
45 € a la semana

Otros idiomas: 50 € a la semana

Intensivos (2 semanas)

Duración del curso: 40 horas
10 sesiones de 4 horas (de lunes a viernes)

Precio: inglés, francés, español e italiano
300 € a la semana

Otros idiomas: 325 € a la semana

Clases en grupos

Extensivos (12 semanas)

Duración del curso: 40 horas / Máximo: 4 personas
Duración mínima por clase: 120 min.

Precio: inglés, francés, español e italiano
35 € a la semana

Otros idiomas: 40 € a la semana

Intensivos (4 semanas)

Duración del curso: 40 horas / Máximo: 4 personas
10 sesiones de 4 horas (de lunes a viernes)

Precio: inglés, francés, español e italiano
230 € a la semana

Otros idiomas: 250 € a la semana

Descuento máximo del 10% dependiendo de la cantidad de cursos contratados.
Todos los cursos se pagan por adelantado.
Si se cancela con menos de 3 días de antelación se cobrará el importe de la clase.

B. Ahora, escríbeles una carta para formalizar lo que habéis acordado.

NEGOCIACIONES

Propongo que ...   ¿Y si ...?

Tenga en cuenta que ...   Le garantizo que ...

A. Trabajas en el Departamento de Formación de SAAP, una empresa que necesita clases de varios idiomas para sus empleados. Tu compañero trabaja en Socios School, una escuela de idiomas especializada en clases para ejecutivos. Teniendo en cuenta la siguiente información, negocia un acuerdo con tu compañero e intenta conseguir las mejores condiciones para tu empresa.

Necesitas clases para un total de 20 personas: 7 de español, 5 de inglés, 4 de japonés, 4 de árabe.

1 persona de español y otra de inglés necesitan clases individuales.

Tienes un presupuesto de entre 8000 y 12 000 euros. No quieres pagar por adelantado.

Prefieres que los grupos no sean de más de dos personas.

Quieres que cada alumno o grupo de alumnos reciba como máximo una sesión de dos horas al día.

En caso de cancelación, tu empresa no pagará la clase si se cancela con más de 24 horas de antelación.

B. Ahora escríbeles una carta para formalizar lo que habéis acordado.

saap

Mallorca, 343   tel. 93 415 22 20   www.saap.es
08900 Barcelona   tel : 93 415 22 21   formacion@saap.es

LA CAMPAÑA PUBLICITARIA

Habrá sido ...	Tal vez / Quizás los consumidores ...
A lo mejor el eslogan ...	Seguro que ...
Es posible que ...	Yo creo que hay que cambiar el eslogan.

A. Mira el siguiente póster de la campaña publicitaria del perfume Alquimia. La campaña no está teniendo la respuesta esperada. ¿A qué crees que puede deberse? Coméntale a tu compañero tus impresiones sobre los siguientes aspectos: público objetivo, eslogan, imágenes y diseño.

No hace magia. Es solo un perfume.

B. Teniendo en cuenta las conclusiones a las que habéis llegado, elaborad juntos un póster nuevo.

LA CAMPAÑA PUBLICITARIA

Habrá sido ...	Tal vez / Quizás los consumidores ...
A lo mejor el eslogan ...	Seguro que ...
Es posible que ...	Yo creo que hay que cambiar el eslogan.

A. Mira el siguiente póster de la campaña publicitaria del perfume Alquimia. La campaña no está teniendo la respuesta esperada. ¿A qué crees que puede deberse? Coméntale a tu compañero tus impresiones sobre los siguientes aspectos: público objetivo, eslogan, imágenes y diseño.

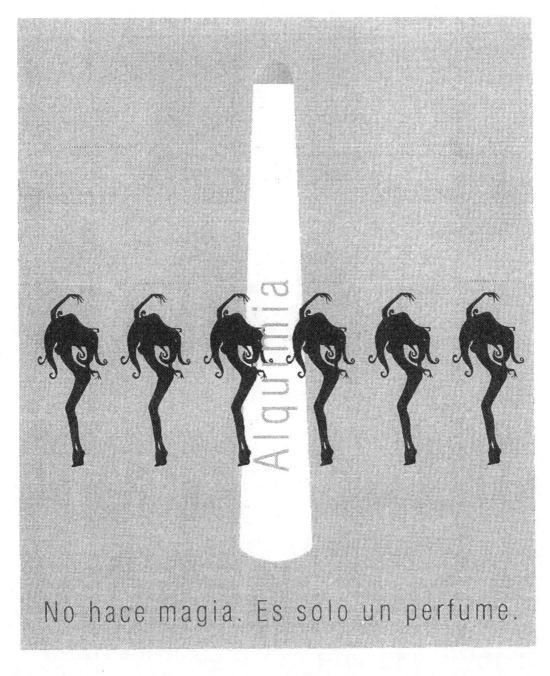

B. Teniendo en cuenta las conclusiones a las que habéis llegado, elaborad juntos un póster nuevo.

ANUNCIOS

En mi opinión, este anuncio ...

(No) Me parece / (No) Considero / Opino que ...

Estoy de acuerdo / Desde luego / Por supuesto.

Puede ser / Depende, ... / Yo no diría ...

A. Aquí tienes cuatro anuncios. ¿Qué te parecen? ¿Prohibirías alguno? ¿Por qué? ¿En qué tipo de soporte crees que podrían estar estos anuncios: anuncios de televisión, cuñas de radio, folletos, vallas publicitarias, anuncios de prensa...? Discútelo con tu compañero.

De polvo, **nada**

B. Ahora podéis contrastar vuestras opiniones con la legislación europea sobre el tabaco.

DIARIO DE LA MAÑANA

No se podrá prohibir la publicidad del tabaco

Europa no podrá prohibir totalmente la publicidad del tabaco, aunque podrá ponerle ciertos límites, según el Tribunal de Luxemburgo. Esta sentencia viene a anular la directiva de 1998 que prohibía como norma general la publicidad directa o indirecta para el tabaco, autorizándola solo en los puntos de venta. La Comisión Europea también admitió alguna incoherencia en las políticas ligadas al tabaco: por una parte quiere limitar el consumo y por otra concede ayudas a los productores comunitarios por valor de 1.000 millones de euros al año. Respecto al sector del alcohol o el automóvil rápido, Bruselas no se plantea una medida similar, ya que la mortalidad que provocan es muy inferior.

La publicidad televisiva de tabaco está prohibida en todos los Estados miembros. Sin embargo, la publicidad cinematográfica, en prensa y carteles publicitarios está prohibida solo en algunos países como Dinamarca, Portugal y Suecia. Respecto a la publicidad radiofónica, está prohibida en todos los Estados de la Unión salvo en España y Reino Unido, donde está limitada. Asimismo, el patrocinio de las tabacaleras está prohibido solo en Bélgica, Finlandia, Francia, Italia y Suecia.

Junio de 2001

ANUNCIOS

En mi opinión, este anuncio ...

(No) Me parece / (No) Considero / Opino que ...

Estoy de acuerdo / Desde luego / Por supuesto.

Puede ser / Depende, ... / Yo no diría ...

A. Aquí tienes cuatro anuncios. ¿Qué te parecen? ¿Prohibirías alguno? ¿Por qué? ¿En qué tipo de soporte crees que podrían estar estos anuncios: anuncios de televisión, cuñas de radio, folletos, vallas publicitarias, anuncios de prensa...? Discútelo con tu compañero.

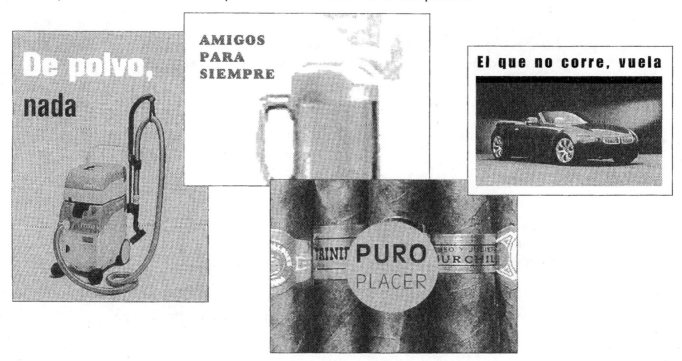

B. Ahora podéis contrastar vuestras opiniones con la legislación europea sobre el tabaco.

DIARIO DE LA MAÑANA

No se podrá prohibir la publicidad del tabaco

Europa no podrá prohibir totalmente la publicidad del tabaco, aunque podrá ponerle ciertos límites, según el Tribunal de Luxemburgo. Esta sentencia viene a anular la directiva de 1998 que prohibía como norma general la publicidad directa o indirecta para el tabaco, autorizándola solo en los puntos de venta. La Comisión Europea también admitió alguna incoherencia en las políticas ligadas al tabaco: por una parte quiere limitar el consumo y por otra concede ayudas a los productores comunitarios por valor de 1.000 millones de euros al año. Respecto al sector del alcohol o el automóvil rápido, Bruselas no se plantea una medida similar, ya que la mortalidad que provocan es muy inferior.

La publicidad televisiva de tabaco está prohibida en todos los Estados miembros. Sin embargo, la publicidad cinematográfica, en prensa y carteles publicitarios esá prohibida solo en algunos países como Dinamarca, Portugal y Suecia. Respecto a la publicidad radiofónica, está prohibida en todos los Estados de la Unión salvo en España y Reino Unido, donde está limitada. Asimismo, el patrocinio de las tabacaleras está prohibido solo en Bélgica, Finlandia, Francia, Italia y Suecia.

Junio de 2001

ENTREVISTA

Me dijo que ...	Me preguntó qué / si / cómo ...
Le respondí/dije que ...	Reconoció / Me comentó / Me aseguró ...

A. Tú trabajas en una casa discográfica y tu compañero en otra. Los dos habéis recibido hoy la visita de Eduardo Arroyo, el manager de un artista que está buscando una discográfica que publique su disco. Completa el diálogo que habéis mantenido con tus intervenciones.

manager: Hola, buenos días.
tú: _____

manager: Mire, he venido para presentarle a Luchín, un cantante que todavía no tiene contrato profesional, pero que yo creo que puede tener éxito.
tú: _____

manager: Porque pienso que su discográfica es la que mejor se adapta al estilo musical de Luchín. Además, es mi preferida de toda la vida.
tú: _____

manager: Es una mezcla de música negra, flamenco y pop. Además, Luchín es un chico muy atractivo, mire las fotos... Estoy seguro de que va a tener mucho éxito entre la gente joven.
tú: _____

manager: En caso de que les interesara, ¿habría algún problema en que yo fuera el productor del disco? Es mi única condición.
tú: _____

manager: En ese caso, no creo que podamos llegar a un acuerdo, aunque todo se puede hablar.
tú: _____

manager: De acuerdo. Aquí tiene una copia de la maqueta. Pienso que cuanto antes la escuche mejor, porque, como comprenderá, estoy en contacto con otras compañías discográficas... Y hay algunas que están muy interesadas.
tú: _____

manager: Bueno, pues, hasta la semana que viene y muchas gracias por su tiempo.
tú: _____

B. Ahora explícale a tu compañero tu conversación con Eduardo Arroyo y compárala con la que ha mantenido tu compañero.

ENTREVISTA

Me dijo que ...   Me preguntó qué / si / cómo ...

Le respondí/dije que ...   Reconoció / Me comentó / Me aseguró ...

A. Tú trabajas en una casa discográfica y tu compañero en otra. Los dos habéis recibido hoy la visita de Eduardo Arroyo, el manager de un artista que está buscando una discográfica que publique su disco. Completa el diálogo que habéis mantenido con tus intervenciones.

manager: Hola buenos días.
tú: _____

manager: Bueno, estoy aquí para presentarle a Luchín. Luchín es el cantante del futuro. Estoy seguro de que va a triunfar. Y me encantaría que triunfase en vuestra casa discográfica.
tú: _____

manager: Porque pienso que vuestra discográfica es la que mejor se adapta al estilo musical de Luchín. Además, es mi preferida de toda la vida.
tú: _____

manager: Es básicamente flamenco y pop, aunque tiene algunos toques de reggae y de música oriental.
tú: _____

manager: Porque la maqueta que tenemos tiene temas muy buenos y muy comerciales también... Además, Luchín tiene una imagen muy elegante, mire estas fotos que le he traído... Estoy seguro de que tendría mucho éxito entre el público joven.
tú: _____
_____

manager: No, solo he hablado con ustedes. Digamos que son mi primera opción.
tú: _____

manager: De acuerdo. Aquí tiene una copia de la maqueta. Ya me dirá alguna cosa.
tú: _____

manager: Bueno, pues, muchas gracias por su tiempo y esperaré su llamada.
tú: _____

B. Ahora explícale a tu compañero tu conversación con Eduardo Arroyo y compárala con la que ha mantenido tu compañero.

LOS SEGUROS

¿Qué quiere decir ...?	Me han escrito que ...
Pues asegurador es ...	Pues resulta que la póliza ...

A. Escribe en las cajas a qué palabra corresponde cada una de las definiciones

Póliza

Cláusula obligatoria de la que depende la validez de un contrato.

Hecho cuyas consecuencias estén cubiertas por el contrato. Conjunto de daños derivados de un mismo hecho.

Condición

Siniestro

Posibilidad de un daño o pérdida como consecuencia de una actividad.

Conjunto de documentos en los que se recogen los datos y condiciones del contrato.

Riesgo

B. Has tenido un leve accidente con tu coche y le has tenido que cambiar una puerta. Has hecho una reclamación a tu seguro y has recibido esta respuesta. Cuéntaselo a tu compañero, pregúntale las palabras que no entiendas, y tratad, entre los dos, de entender qué es lo que ha pasado.

ave
Seguros de coches
c/ San Salvador, 3
28015 Madrid

Sr./Sra. _____ :

Con referencia al reclamo del día 3/12, permítame informarle de que el asegurado debe hacerse cargo de los daños por cuanto éstos son inferiores a la franquicia estipulada en la póliza.

Sin más, le saluda atentamente,

Marta Barrenechea

LOS SEGUROS

¿Qué quiere decir ...?   Me han escrito que ...

Pues asegurador es ...   Pues resulta que la póliza ...

A. Escribe en las cajas a qué palabra corresponde cada una de las definiciones

Indemnización

Cantidad de la que el asegurador no se hace cargo de producirse el siniestro.

Persona que ha contratado un seguro.

Franquicia

Asegurador

Empresa que garantiza a una persona o cosa, mediante el cobro de una prima, contra determinado accidente o pérdida.

Cantidad que el asegurador se compromente a pagar al asegurado en caso de comprobarse el siniestro

Asegurado

B. En tus últimas vacaciones has contratado un seguro de viajes. De regreso te han perdido el equipaje. Tú has hecho una reclamación al seguro y has recibido esta respuesta. Cuéntaselo a tu compañero, pregúntale las palabras que no entiendas, y tratad, entre los dos, de entender qué es lo que ha pasado.

Seguros Guarda

Sr./Sra. _____ :

Lamentamos informarle que los daños reportados no están definidos como siniestro en las condiciones de su póliza.

Reciba un cordial saludo.

Julián Centello
Director

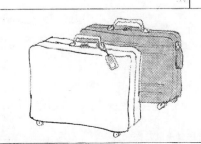

PRESENTACIONES

Buenas tardes y bienvenidos.

Quisiera dar las gracias ...

Hoy voy a presentarles ...

Para terminar ...

Les agradecemos ...

Si tienen alguna pregunta ...

A. ¿Cuáles crees que son los tres aspectos más importantes para que una presentación en públi-co tenga éxito? Discútelo con tu compañero y anotad vuestras conclusiones.

PRESENTACIONES

1.

2.

3.

- saber despertar el interés

- duración adecuada (ni muy larga ni muy corta)

- transmitir conocimiento del tema expuesto

- no defraudar las expectativas del público

- terminar con unas conclusiones claras y concretas

- saber contestar a cualquier duda del público

B. Elige uno de estos productos: una moto, un jarabe para la tos o un suavizante y prepara una presentación para tu compañero teniendo en cuenta el guión propuesto.

1. Dar la bienvenida

2. Presentarse y presentar el tema

3. Describir el producto en términos generales

4. Descripción más detallada: características, ventajas con respecto a otros productos parecidos

5. Final: breve resumen

6. Turno de preguntas

C. Escucha la presentación de tu compañero y toma notas sobre cómo podría mejorarla.

PRESENTACIONES

Buenas tardes y bienvenidos.	Para terminar ...
Quisiera dar las gracias ...	Les agradecemos ...
Hoy voy a presentarles ...	Si tienen alguna pregunta ...

A. ¿Cuáles crees que son los tres aspectos más importantes para que una presentación en público tenga éxito? Discútelo con tu compañero y anotad vuestras conclusiones.

1.

2.

3.

- saber despertar el interés

- duración adecuada (ni muy larga ni muy corta)

- transmitir conocimiento del tema expuesto

- no defraudar las expectativas del público

- terminar con unas conclusiones claras y concretas

- saber contestar a cualquier duda del público

B. Elige uno de estos productos: una lavadora, un teléfono móvil o un aceite de oliva y prepara una presentación para tu compañero teniendo en cuenta el guión propuesto.

1. Dar la bienvenida

2. Presentarse y presentar el tema

3. Describir el producto en términos generales

4. Descripción más detallada: características, ventajas con respecto a otros productos parecidos

5. Final: breve resumen

6. Turno de preguntas

C. Escucha la presentación de tu compañero y toma notas sobre cómo podría mejorarla.

REQUISITOS

Quiero un ... que tenga ...   Creo que esto es lo que estás buscando.

Necesito una ... que sea ...   Te recomiendo ...

A. Quieres comprar un discman. Piensa en cuatro características que quieres que tenga, escríbelas y luego coméntaselas a tu compañero.

Quiero un discman que...

B. Lee la siguiente información sobre estos modelos de agendas electrónicas y recomiéndale a tu compañero la que mejor se adapta a lo que quiere.

320,54 €

GARANTÍA: 12 MESES

AGENDA ELECTRÓNICA DAMI

Primer ordenador de bolsillo gracias a sus módulos de hardware y software.

- Procesador
- Memoria 8 MB
- 12 000 direcciones
- 10 años de citas (6 000 aprox.)
- Tamaño: 12x7,5x1,6 cm
- Peso: 160 gr.

- Batería de 2 meses
- Agenda de citas y direcciones
- Mail (Outlook Express)
- Gastos
- Calculadora avanzada
- Reloj múltiple

Agenda 192KB

51,66 €

- Gran pantalla de 5 líneas.
- Gestión de sus direcciones de e-mail y de Internet.
- Función de bloc de notas.
- Función exclusiva de "gestión de gastos".
- Calculadora de 10 dígitos.
- Función recordatorio de "temas pendientes".
- Hora local e internacional.
- Alarma despertador.
- Calendario programado para 200 años.
- Memoria de 192Kb.

GARANTÍA 12 MESES

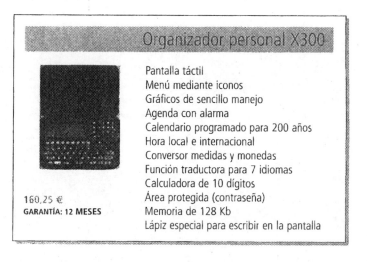

Organizador personal X300

Pantalla táctil
Menú mediante iconos
Gráficos de sencillo manejo
Agenda con alarma
Calendario programado para 200 años
Hora local e internacional
Conversor medidas y monedas
Función traductora para 7 idiomas
Calculadora de 10 dígitos
Área protegida (contraseña)
Memoria de 128 Kb
Lápiz especial para escribir en la pantalla

160,25 €
GARANTÍA: 12 MESES

REQUISITOS

Quiero un ... que tenga ...

Creo que esto es lo que estás buscando.

Necesito una ... que sea ...

Te recomiendo ...

A. Quieres comprar una agenda electrónica. Piensa en cuatro características que quieres que tenga, escríbelas y luego coméntaselas a tu compañero.

> *Quiero una agenda electrónica que...*

B. Lee la siguiente información sobre estos modelos de discman y recomiéndale a tu compañero el que mejor se adapta a lo que quiere.

CD MA9039

103,76 euros

Dimensiones: 250x150x300mm•Sistema antichoque de 30 segundos•15 horas de autonomía•Jack auriculares: 3,5 mm•Potencia de salida de audio (watios musicales): 2 x 2,4.•Sistema de sonido Bass Booster •Potencia: 100 Watios•Lectura de MP3/CD/CD-R •CD programable para 20 títulos•Pilas recargables

GARANTÍA: 3 MESES

CD portátil SUMi

Sistema antichoque de 45 segundos
Pantalla de fácil lectura
Caja resistente al calor
Sistema de expulsión de disco POP-UP
Convertidor de 1 bit
Desconexión automática
Cierre de seguridad
Auricular con mando incluido
Peso: 212 g

GARANTÍA: 12 MESES

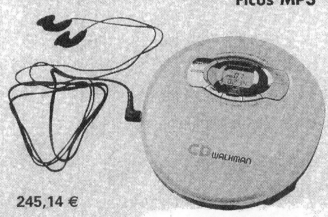

Ficus MP3

245,14 €

- Reproducción de MP3
- Sistema antichoque de 60 segundos
- Tamaño: 138x130x32 mm
- Lo último en portabilidad
- Máxima calidad de sonido
- Peso (sin baterías): 250 g
- Tiempo de autonomía: 20 horas

- Apagado automático
- Auriculares con mando
- Salida para altavoces
- Incluye altavoces
- Pilas recargables

GARANTÍA: 18 MESES

FIESTAS Y CELEBRACIONES

¡Felicidades!	¡Por ...!
Gracias por ...	No tenías que ...
Sentimos mucho que ...	Disculpadme por ...

A. Tu compañero y tú trabajáis en la misma oficina. Hoy es su cumpleaños y te ha invitado a su casa. ¿Qué le dirás...

...cuando llegues a su casa?

...cuando le entregues el regalo?

...si se te hace tarde?

...antes de irte?

B. Ahora imagina que dejas la empresa donde trabajas y que tu compañero te ha organizado una fiesta de despedida. ¿Qué le dirás....

...cuando te invite?

...al hacer un brindis?

...cuando te dé una tarjeta y un regalo?

FIESTAS Y CELEBRACIONES

¡Felicidades!	¡Por ...!
Gracias por ...	No tenías que ...
Sentimos mucho que ...	Disculpadme por ...

A. Tu compañero y tú trabajáis en la misma oficina. Hoy es tu cumpleaños y le has invitado a su casa. ¿Qué le dirás...

...cuando llegue a tu casa?

...cuando te entregue el regalo?

...si se disculpa porque se le ha hecho tarde?

...cuando se vaya?

B. Ahora imagina que tu compañero deja la empresa y que tú le has organizado una fiesta de despedida. ¿Qué le dirás...

...al invitarlo?

...al hacer un brindis?

...al entregarle la tarjeta y el regalo de todos los compañeros?

REACCIONES

Es raro/extraño que ...	Me fastidia / Me da rabia /
Me da pena / Me molesta que ...	Me da igual que ...
Me pone de los nervios / histérico / de	¿Cómo es posible que ...?
mal humor que ...	A mí también/tampoco.
Me saca de quicio que ...	A mí sí/no.

A. Coméntale a tu compañero las siguientes cosas. Él tendrá que reaccionar.

Algo que no soportes de la política

Algo que te dé miedo de la vida moderna

Algo que te guste de tu ciudad

Algo que te dé rabia de la gente

Algo que te encante de la televisión

B. Aquí tienes varios titulares de periódico. Léeselos a tu compañero para ver qué sentimientos le provocan. Tú también puedes dar tu opinión.

El calentamiento de la Tierra se acelera

Nuevo atentado terrorista con coche bomba de ETA

Los diputados de la Cámara Alta del Senado

Los deportistas africanos arrasan en los Juegos Olímpicos

Los países ricos destinarán el 2% de su PIB al desarrollo de los países no industrializados

C. ¿Qué noticias de esta semana te provocan reacciones parecidas? ¿Y a tu compañero?

REACCIONES

Es raro/extraño que ...	Me fastidia / Me da rabia /
Me da pena / Me molesta que ...	Me da igual que ...
Me pone de los nervios / histérico / de	¿Cómo es posible que ...?
mal humor que ...	A mí también/tampoco.
Me saca de quicio que ...	A mí sí/no.

A. Coméntale a tu compañero las siguientes cosas. Él tendrá que reaccionar.

Algo que te moleste de la globalización económica

Algo que te fastidie de tu trabajo

Algo que odies de Internet

Algo que te dé pena de los medios de comunicación

Algo que te guste de tu país

B. Aquí tienes varios titulares de periódico. Léeselos a tu compañero para ver qué sentimientos le provocan. Tú también puedes dar tu opinión.

El Real Madrid se gasta 100 millones de euros para fichar al delantero brasileño Giovanni Sousa

Un 95% de las películas exhibidas en los cines de la ciudad son producciones de Hollywood

Más de 500 empresas de Internet han caído en bancarrota en las últimas 2 semanas

Descenso espectacular en las audiencias de televisión e incremento sin precedentes en la compra de libros

Rufus: el primer humano clonado

C. ¿Qué noticias de esta semana te provocan reacciones parecidas? ¿Y a tu compañero?

HIPÓTESIS

¿Qué harías si ganaras / cambiaras de ...?

Si ganara / cambiara de / me convirtiera en ...

Eres una persona ...

Te recomiendo que ...

A. Trabajas en una asesoría profesional y tienes que entrevistar a tu compañero para determinar su perfil profesional. Vas a plantearle una serie de situaciones hipotéticas. Formúlale las preguntas y toma nota de sus respuestas.

CUESTIONARIO

¿Qué harías si...

1 ...(*ganar*) 50 millones de euros en la lotería?

2 ...(*tener*) que cambiar de profesión?

3 ...la relación con tu pareja (*ir*) mal?

4 ...(*tener*) mucho tiempo libre?

5 ...(*estar*) deprimido, pero (*tener*) que hacer la presentación de un proyecto?

6 ...(*ser*) presidente de una gran multinacional?

7 ...alguien (*colarse*) en la cola del supermercado?

8 ...(*quedarse*) sin trabajo y sin dinero?

B. Ahora interpreta la información que te ha dado, describe su perfil profesional y recomiéndale el trabajo que consideres que se adapta mejor a él.

SE PRECISA
Comercial de
una empresa
farmacéutica

URGENTE

Vacante de Jefe de
Departamento de Recursos
Humanos en una cadena de
restaurantes

Tesorero de Club del
Fútbol de Primera
División

Cáceres Fútbol Club, S.D.

HIPÓTESIS

¿Qué harías si ganaras / cambiaras de ...?

Si ganara / cambiara de / me convirtiera en ...

Eres una persona ...

Te recomiendo que ...

A. Trabajas en una asesoría profesional y tienes que entrevistar a tu compañero para determinar su perfil profesional. Vas a plantearle una serie de situaciones hipotéticas. Formúlale las preguntas y toma nota de sus respuestas.

CUESTIONARIO

¿Qué harías si...

1 ...(*ganar*) 50 millones de euros en la lotería?

2 ...(*tener*) que cambiar de profesión?

3 ...la relación con tu pareja (*ir*) mal?

4 ...(*tener*) mucho tiempo libre?

5 ...(*estar*) deprimido, pero (*tener*) que hacer la presentación de un proyecto?

6 ...(*ser*) presidente de una gran multinacional?

7 ...alguien (*colarse*) en la cola del supermercado?

8 ...(*quedarse*) sin trabajo y sin dinero?

B. Ahora interpreta la información que te ha dado, describe su perfil profesional y recomiéndale el trabajo que consideres que se adapta mejor a él.

TodoNoticias
Busca
corresponsal
de guerra

SE PRECISA

Jefe de Departamento de I+D en una importante empresa de telecomunicaciones extranjera

URGE
Secretario de una gestoría de fondos de inversión